O COMPLEXO DE CASSANDRA

Biblioteca
Psicologia e Mito

LAURIE LAYTON SCHAPIRA

O COMPLEXO DE CASSANDRA

Histeria, Descrédito e o Resgate da
Intuição Feminina no Mundo Moderno

Tradução
Cecília Casas

Editora Cultrix
SÃO PAULO

Título do original: *The Cassandra Complex – Living with Disbelief – A Modern Perspective on Hysteria.*
Copyright © 1988 by Laurie Layton Schapira.
Copyright da edição brasileira @ 1991 Editora Pensamento-Cultrix Ltda.
1ª edição 1991.
2ª edição 2018.
Texto de acordo com as novas regras ortográficas da língua portuguesa.
Todos os direitos reservados. Nenhuma parte desta obra pode ser reproduzida ou usada de qualquer forma ou por qualquer meio, eletrônico ou mecânico, inclusive fotocópias, gravações ou sistema de armazenamento em banco de dados, sem permissão por escrito, exceto nos casos de trechos curtos citados em resenhas críticas ou artigos de revistas.

A Editora Cultrix não se responsabiliza por eventuais mudanças ocorridas nos endereços convencionais ou eletrônicos citados neste livro.

Editor: Adilson Silva Ramachandra
Editora de texto: Denise de Carvalho Rocha
Gerente editorial: Roseli de S. Ferraz
Produção editorial: Indiara Faria Kayo
Editoração eletrônica: Join Bureau
Revisão: Bárbara Parente

Dados Internacionais de Catalogação na Publicação (CIP)
(Câmara Brasileira do Livro, SP, Brasil)

Schapira, Laurie Layton, 1949-
   O complexo de Cassandra: histeria, descrédito e o resgate da intuição feminina no mundo moderno / Laurie Layton Schapira; tradução Cecília Casas. – 2. ed. – São Paulo: Cultrix, 2018. – (Biblioteca psicologia e mito)

   Título original: The Cassandra complex : living with disbelief : a modern perspective on hysteria
   Bibliografia.
   ISBN 978-85-316-1440-8

   1. Cassandra (Mitologia grega) 2. Histeria 3. Mulheres – Psicologia 4. Psicanálise 5. Psicologia junguiana I. Título. II. Série.

17-11198   CDD-616.8524

Índices para catálogo sistemático:
1. Histeria feminina: Psicanálise: Psicologia clínica   616.8524

Direitos de tradução para a língua portuguesa adquiridos com exclusividade pela
EDITORA PENSAMENTO-CULTRIX LTDA., que se reserva a
propriedade literária desta tradução.
Rua Dr. Mário Vicente, 368 — 04270-000 — São Paulo, SP
Fone: (11) 2066-9000 — Fax: (11) 2066-9008
http://www.editoracultrix.com.br
E-mail: atendimento@editoracultrix.com.br
Foi feito o depósito legal.

SUMÁRIO

Agradecimentos 7

Introdução 13

Primeira Parte: A Cassandra de Outrora 19

1. O Mito e a Tragédia de Cassandra 21

2. As Feridas de Cassandra 27

   Dinâmica Coletiva 27

   Dinâmica Pessoal 48

3. Histeria – O Útero Errante 59

4. Além da Perspectiva Patriarcal 79

Segunda Parte: A Cassandra de Agora 99

1. Negras Visões 101

2. Curando as Feridas 111

   Fases da Análise 126

3. Atena 131

4. Deméter/Perséfone 145

5. Hécate 157

6. Ártemis 189

7. Têmis 221

Ver é Crer 247

Glossário de Termos Junguianos 253

AGRADECIMENTOS

Eu gostaria de agradecer a Don Kalsched por ter sido, de certo modo, inflexível, a Philip Zabriskie, a Sylvia Perera e, especialmente, a Gertrude Ujhely por suas críticas construtivas.

Quero também apresentar meus agradecimentos a Stephanie Woodbridge, organizadora; a Sharon Abner, datilógrafa; a Doris Albrecht, bibliotecária da Fundação C. G. Jung de Nova York; a Nathan Schwartz-Salant, por ter acreditado em mim, e a Beverley Zabriskie pelo seu apoio, que nunca falhou.

Quero, acima de tudo, agradecer a Peter Lynn por seu amor paciente.

Este meu trabalho confirmou, uma vez mais, que nada existe de novo sob o Sol. Representou para mim uma experiência medial de grande importância, durante a qual coligi dados provenientes não só de pesquisas acadêmicas, como também do próprio inconsciente coletivo, através de meus canais psíquicos. Sendo assim, dirijo-me, com gratidão, a todos aqueles cuja influência permaneceu oculta à minha percepção consciente e que, no entanto, em muito contribuíram para a execução desta obra.

O céu está caindo... Corre, pessoal, corre!
CHICKEN LITTLE

As opiniões sobre questões políticas
tornam-se inúteis quando o receptor
pensa de modo diferente.

A Marcha da Loucura: de Troia ao Vietnã
BARBARA TUCHMAN

Uma trípode ardente exorta-o a ter cautela,
O abismo mais profundo lá o espera, afinal.

Fausto, GOETHE.

*Para minha mãe, para a mãe
da minha mãe e para todas
as outras mães sem mães.*

INTRODUÇÃO

Interessei-me pelo tema de Cassandra quando duas de minhas pacientes me contaram que tinham sonhado com ela. Em busca de modelos psicológicos comuns, descobri muitos pontos semelhantes em suas personalidades, destacando-se, entre estes, um forte componente histérico.

A histeria, hoje, não é mais uma diagnose popular. Na verdade foi mesmo eliminada da última edição do *Manual de Estatística e Diagnóstico das Doenças Mentais* (DSM III), por ser considerada, do ponto de vista diagnóstico, uma categoria à parte. Ainda assim, a histeria continua tendo uma natureza clínica bem definida, apesar de procurarmos nos esquivar a um diagnóstico caracterizado por notações acentuadamente misóginas e chauvinistas. Preferimos atribuir suas explosões emocionais e tendências exibicionistas a "uma condição fronteiriça" e a "desordens características de uma personalidade narcisista".

Há quase um século, Pierre Janet afirmou:

> A palavra "histeria", embora sua acepção original esteja muito alterada, deve ser preservada. Seria muito difícil, hoje em dia, substituí-la e, na verdade, sua história contém tanta magnitude e beleza que seria muito penoso dela prescindir.[1]

O mesmo, talvez, se possa dizer a respeito do diagnóstico da histeria que, por quatro mil anos, tem sido uma realidade plenamente documentada. Muito se tem escrito sobre essa doença na era patriarcal. Aqui a enfocaremos a partir de um ângulo feminino e de uma visão construtiva quanto à teleologia de seus sintomas, esforçando-nos por captar sua importância nos dias de hoje.

---

[1] *The Mental State of Hystericals: A Study of Mental Stigmata anil Mental Accidents* (Nova York: Putnam & Sons, 1901), p.527.

A mulher que identifico como portadora do complexo de Cassandra apresenta um padrão de comportamento histérico específico, incluindo uma visível ruptura de personalidade. À primeira vista, a mulher-Cassandra parece inserir-se dentro de um tipo extrovertido de conduta: é brilhante, dinâmica, competente, responsável, compulsiva em seus atos e capaz de manter longos – se bem que superficiais – relacionamentos. Às vezes, porém, essa persona cai inesperadamente, dando lugar a uma meninazinha assustada, carente, desejosa de proteção mas, no entanto, incapaz de expressar seus anseios ou de encontrar um meio de sair do caos negro do inconsciente. Sem orientação e sem limitações, torna-se uma criatura indefesa, desesperada, aterrorizada.

Em termos junguianos, estamos diante de um ego identificado com o animus que, embora em grande parte moldado para se defender de um forte complexo maternal negativo, é dele derivado. Esse ego – uma caricatura de Apolo – dedicado e, ao mesmo tempo, vinculado à ordem, à razão, à verdade e à clareza, nega-se a admitir a possibilidade de existir, nele, um lado negro e irracional. De acordo com Ésquilo, é este o Apolo que, em seu aspecto misógino, afirma:

> A mãe da criança que os homens reconhecem como sua,
> Não é a verdadeira doadora da vida, mas uma guardiã
> Da semente. Ao semeador, apenas,

Cabe a geração. A mulher surge na necessidade;
Uma estranha, para abrigar, com fé e amor,
Esse botão de nova vida – a menos que Deus, lá em cima,
Queira a sua morte...
Tem havido pais onde não existe mãe.[2]

James Willman tece a seguinte consideração a respeito destas palavras:

Não sabemos por que Apolo disse isso, ou por que Ésquilo pôs essas palavras na sua boca. Trata-se, realmente, da confirmação de uma posição arquetípica, evidenciando uma visão de mundo que pode ser atribuída a Apolo e classificada de apolínea.[3]

A cultura ocidental está toda impregnada de consciência apolínea. Da maneira como estamos identificados com os valores positivos dessa consciência – torna-se difícil visualizar Apolo sob uma luz negativa. No entanto, ele pode projetar uma sombra muito escura.

A atitude voraz e abusiva que ele tem com relação ao feminino é bem conhecida. Esse é o Apolo que usurpou o oráculo de Delfos da deusa da Terra, jamais reconhecendo as raízes

---

[2] *As Eumênides*, linhas 659-666.
[3] *The Myth of Analysis*, p. 225.

matriarcais do oráculo. Esse é o Apolo que rende homenagem ao feminino na medida em que necessita de uma mulher para inspirá-lo com sua loucura divina, mas que pode se tornar extremamente cruel, caso sua eleita lhe seja infiel ou o despreze, como fez Cassandra, a quem concedera o dom da profecia. Diante da atitude negativa de Cassandra, recusando-se a consumar a união, Apolo acrescentou uma praga ao seu presente: ninguém, jamais, acreditaria nela.

Estamos perante uma *coniunctio* malograda. Mas por que Cassandra teria rejeitado Apolo? Analisaremos o caráter de Apolo e de Cassandra e os motivos que influenciaram sua conduta. Ao aprofundarmos a psicodinâmica de Cassandra e as causas que a levaram a um trágico fim, esperamos contribuir com alguma nova solução para seu terrível conflito, e sugerir, às Cassandras de hoje, uma forma de recuperação mais efetiva.

Examinaremos de perto o mito de Cassandra, o modo pelo qual se manifesta na moderna psique feminina e sua relevância no que tange à histeria.

Quando uma mulher mergulha em sua sombra histérica, seus delírios asfixiantes podem ser comparados aos sangrentos vaticínios de trevas e ruínas que Cassandra previa. O que ela sente e vê nesse estado pode ter mais valor do que um átimo de verdade, só que, pelo fato de serem afirmações infundadas, ninguém acredita no que ela diz. Essa visão sombria resulta da perda da perspectiva da consciência do ego e da esclarecedora objetividade do animus apolíneo. Nem mesmo *ela* acredita no que vê.

Apolo matando Píton
(moeda romana, c. séc. V a.C.)

Delinearei também o perfil psicológico da Cassandra moderna, que me servirá de base para discutir as implicações terapêuticas e descrever as fases clínicas do processo analítico que leva à não identificação do ego com o animus e suas respectivas transformações. O ego feminino, uma vez fundamentado numa matriz que esteja em sintonia com o Self, pode integrar a sombra cassandriana, e o animus apolíneo terá, então, condição de atuar positivamente, como inspiração e fonte de luz. Somente assim, Apolo e Cassandra poderão consumar a tão almejada *coniunctio*.

Primeira Parte

A CASSANDRA DE OUTRORA

Cassandra sendo atacada por Clitemnestra
(vaso ático, Coleção Mansell, Londres)

CAPÍTULO 1

O Mito e a Tragédia de Cassandra

Oh maldição! oh maldição, maldição!
O tormento de ver me assola novamente.

Cassandra, em *Cassandra,* de Christa Wolf

Cassandra foi uma das filhas de Príamo e de Hécuba, reis de Troia. Um dia em que se achava no templo de Apolo, o deus surgiu à sua frente e prometeu conceder-lhe o dom da profecia se ela concordasse em se deitar com ele. Cassandra aceitou o presente que o deus lhe oferecia, mas recusou-se a cumprir a sua parte no acordo.

Dizem que os favores divinos, uma vez concedidos, não podem ser tomados de volta. Apolo, então, implorou a Cassandra que lhe desse um beijo e, quando ela o fez, ele soprou-lhe na boca (segundo outras versões, cuspiu) condenando-a, desta forma, a que ninguém acreditasse em suas profecias.

Desde o início da guerra de Troia, Cassandra vaticinou-lhe o triste fim – ninguém, porém, deu ouvidos às suas predições. Avisou que o cavalo de madeira servia de esconderijo para os gregos – os troianos não deram crédito às suas palavras. Era seu destino prever os desastres iminentes e nada poder fazer para evitá-los.

Cassandra tornou-se prisioneira de guerra de Agamenon. De volta a Micenas, foram recebidos por Clitemnestra, esposa de Agamenon, que havia conspirado com Egisto, seu amante, para matá-los. Cassandra pressentiu a desgraça e recusou-se a entrar no palácio. Surpreendida em transe profético, declarando entre gritos e lágrimas que sentia o cheiro de sangue, percebeu que iria pairar todo o peso da maldição sobre a casa de Atreu, não podendo, entretanto, fugir à sua sina: Clitemnestra matou-a com o mesmo machado com que decapitara Agamenon.[1]

A figura de Cassandra é trágica. Sua história inspirou obras teatrais gregas, a poesia, e até mesmo uma ópera. No campo da literatura, a tragédia decorre de uma falha no caráter da figura trágica, em razão de algum grande potencial

---

[1] Extraído de. Robert Graves, *The Greek Myths*, vol. 2, pp. 51-56, 263-264; de Edith Hamilton, *Mythology*, pp. 202, 243-244; da *Larousse Encyclopedia of Mythology*, p. 118.

permanecer irrealizado, tornando-se mesmo destrutivo. Em que consiste, pois, a natureza da tragédia de Cassandra?

Quando Cassandra se negou a consumar a união com Apolo, este a amaldiçoou, no sentido de que suas profecias jamais seriam ouvidas. Mas por que Cassandra o teria desprezado? Por não gostar dele? A história narra o contrário. Em *The Agamemnon*, Cassandra descreve o que aconteceu antes da recusa: "Abraçamo-nos e, para mim, seu hálito era doce." Somente quando "se tratou da concepção de uma criança, como seria natural", Cassandra "faltou à palavra".[2]

Estaria ela, por acaso, tentando obter algo em troca de nada? Ou, a exemplo das histéricas, estava agindo apenas como sedutora? Certamente – assim como as histéricas – Cassandra era ambivalente, concordante a princípio para depois recuar, sendo que essa ambivalência poderia, talvez, ocultar uma forma de agressão passiva: como raiva de Apolo por seus ultrajes anteriores ao feminino e medo de ser violentada e depois abandonada, como acontecera a tantos outros objetos dos desejos dele.

Apolo, porém, estava realmente convidando Cassandra para ser sua Pítia, isto é, "a noiva do deus", a quem ele preencheria com sua inspiração divina.[3] No processo divinatório, sabia-se que a Pítia tornar-se-ia *"entheos, plena deo"*, o que

---

[2] Ésquilo, *The Agamemnon*, linhas 1206-1208.
[3] Robert Flacelière, *Greek Oracles*, p. 42.

significa que "o deus entraria dentro dela e usaria seus órgãos vocais, como se a ele pertencessem".[4]

Segundo fontes históricas, a virgem escolhida em Delfos para ser esse vaso sagrado do deus deveria ter bom caráter, ser absolutamente íntegra e ter solidez terrena. Deveria provir de família sadia, respeitada, embora simples, e ter se conduzido na vida de modo impecável de forma que, quando se aproximasse do deus, o fizesse com um coração verdadeiramente imaculado. Diodoro Siculo afirma que "nos tempos antigos, os oráculos eram proferidos por virgens, devido à pureza de seus corpos e à associação com Ártemis, motivo pelo qual estavam mais aptas a guardar em segredo as profecias que revelavam".[5]

Não obstante, muitas Pítias sucumbiram ante a tensão excessiva. É possível que Cassandra, de certa forma, tenha se dado conta de que não possuía as qualidades que os antigos, em sua sabedoria intuitiva, preconizavam como requisitos para a donzela que desempenharia o papel de vaso sagrado para o deus.

Arquetipicamente, o "vaso" está associado ao feminino, a uma capacidade receptiva, ao útero. No aspecto pessoal, o vaso psicológico de uma mulher é o seu ego. Cassandra tinha um vaso frágil. Essa foi a sua trágica falha. Ela não era virgem no sentido psicológico:

---

[4] E. R. Dodds, *The Greeks and the Irrational*, p. 70.
[5] Flacelière, *Greek Oracles*, pp. 41-42.

A mulher que é virgem, una em si, faz o que faz, não pelo desejo de agradar, não para ser querida ou contar com aprovação, mesmo que de si mesma, nem pelo desejo de se sobrepor a outras pessoas... mas porque o que faz é verdadeiro.[6]

Ao contrário, Cassandra, como as histéricas, faria qualquer coisa para ser amada. Disse não a Apolo, por ter sido essa a única forma que encontrou para sobreviver ante o esmagador poder do masculino. Infelizmente, não foi capaz de repudiar Apolo de maneira mais consciente e direta, nem de enfrentar sua sombra voraz e misógina. Se o tivesse feito, teria reivindicado sua realidade feminina e defendido a virgindade que, eventualmente, lhe possibilitaria cumprir seu destino de vaso sagrado para o deus.

Cassandra, porém, não possuía um ego forte. Seu relacionamento com o feminino era de natureza profundamente aflitiva, pois o seu ego estava insuficientemente ligado à matriz feminina. Como veremos no próximo capítulo, existem diversas razões para isso, tanto de ordem pessoal como de ordem coletiva.

---

[6] M. Esther Harding, *Woman's Mysteries*, p. 125.

Dois aspectos de Apolo
Esquerda: o Apolo de Veii
(terracota, 510 a.C., aproximadamente,
Museo Nazionale di Villa Giulia, Roma)
Direita: o Apolo do Belvedere
(mármore, do séc. IV ao séc. I a.C., aproximadamente,
Museo do Vaticano, Roma)

CAPÍTULO 2

As Feridas de Cassandra

Dinâmica Coletiva

Os fatores coletivos que influenciaram a Cassandra histórica incluem: o declínio da deusa como divindade suprema e uma crescente veneração por Apolo. Esses aspectos contribuíram sobremodo para o desenvolvimento histórico do que hoje conhecemos como complexo materno negativo, que analisaremos em capítulos subsequentes.

Aqui, prestaremos especial atenção à evolução pela qual Apolo passou, a partir de sua forma primitiva até a clássica, evolução que nos servirá como um paradigma para o desenvolvimento do animus da mulher-Cassandra, sua imagem interior do componente masculino.

A história de Cassandra transcorreu durante a Idade do Bronze, no segundo milênio a.c. Nessa época, o mundo grego estava atravessando um período bastante tumultuado, devido à transição de uma cultura matriarcal para uma cultura patriarcal, com o consequente declínio dos valores femininos. Essa mudança deve ter sido particularmente traumática para os troianos, cuja cultura se aproximava mais do matriarcado cretense/minoico do que do patriarcado aqueu. Quando Troia foi derrotada pelos gregos, também o foram sua cultura e sua religião.

Christa Wolf, escritora alemã, em sua obra *Cassandra,* salienta que, em Troia, a adoração dos novos deuses estava sendo praticada paralelamente aos cultos do antigo matriarcado. "Num dos vértices desses conflitos está Cassandra",[1] sem dúvida profundamente abalada por essa transição para o culto patriarcal – talvez mais do que as outras mulheres de seu tempo – pois que esse fato iria inibir o desenvolvimento de uma forte identidade feminina, através da adoração da deusa como modelo de cunho arquetípico.

---

[1] *Cassandra*, p. 293.

Apolo era um desses novos deuses, se bem que não tão novo quanto modificado em caráter. Em sua forma primitiva, durante o período matriarcal, Apolo era filho-amante da Grande Mãe. Uma de suas mais antigas denominações era Esminteu, originalmente um deus-rato oracular, de raízes cretenses e adorado no altar da deusa.[2] Apolo também identifica-se com Karu, filho da Car (Ceres), a deusa-abelha de Creta. Karu correspondia a Megisthos Kouros, o rei anual, cujo cabelo era tosado a cada ano, antes de sua morte.[3]

Habitualmente reconhecemos Apolo como o filho de Leto. O que não está tão difundido é o fato de Leto corresponder à forma arcaica de Lat, a deusa palestina das três luas, o outro nome de Ísis. Dessa forma, Apolo também se identifica com Hórus, seu filho.[4] Lewis Farnell, estudioso da cultura clássica, descreve Leto como uma loba que gerou o aborígine Apolo Lykeios. A palavra *Lykeian* significa "luz do lobo uivante", isto é, a Lua.

Na Grécia pré-histórica o sol estava subordinado à lua e ambos estavam associados à deusa. Somente no período micênico é que Apolo adquiriu seu caráter solar. Apolo Lykeios tinha uma natureza mais próxima da de um demônio da Terra – era selvagem e bravio, um deus da caça que, munido de arco

---

[2] Graves, *Greek Myths*, vol. 1, p. 56.

[3] Ibid., pp. 280, 327.

[4] Ibid., p. 80.

e flecha, rondava grutas, cavernas e bosques, juntamente com o lobo, o corvo e a gralha, seus animais sagrados. Era também um deus pastoril e silvestre, assemelhando-se a Pan e a Dioniso, cujos rituais se caracterizavam por "uma fúria incontida e pelo êxtase da magia dos bosques".[5]

Podemos admirar a face desse antigo Apolo na estátua etrusca da página 26. De acordo com Karl Kerényi, a Itália, por não ter sofrido a influência de Homero – o primeiro a descrever os deuses gregos em sua forma clássica – deparou-se com um Apolo pré-homérico que se projetaria ainda por muito tempo na península, como um deus primitivo, funesto e sombrio. Era adorado como Soranus Pater, o senhor dos mundos subterrâneos. "Mesmo o sorriso astuto do Apolo de Veii – o tão famoso 'sorriso etrusco' – é um sorriso de lobo."[6]

Ainda nos tempos de Homero, vemos a negra face de Apolo como um terrível deus exterminador. A seguinte descrição, que aparece no início da *Ilíada*, constitui na realidade a primeira epifania apolínea da literatura grega:

Descendo dos píncaros do Olimpo, ele marchou –
o coração raivoso,
Com seu arco e dupla aljava revestida sobre os ombros.
As flechas tiniam no ombro do deus bravio

---

[5] *The Cults of the Greek States*, vol. 4, pp. 112- 113, 123-124, 140.
[6] *Apollo*, p. 56.

Enquanto ele marchava. Ele seguia como a noite...

Sentou-se, depois, a distância dos barcos e disparou uma flecha,

Ouviu-se o ressoar terrível do arco de prata.

Primeiro as mulas e os ligeiros sabujos ela atinge,

Depois, nova arma pontiaguda, destinada aos homens,

Ele lança; as fogueiras de cadáveres arderam bastante e por

toda a parte.[7]

Segundo Walter Otto, só bem mais tarde Apolo tornou-se "o deus da pureza, e sua luz brilhante, seu espírito superior, sua vontade que impõe discernimento, ordem e moderação, em suma, tudo o que hoje denominamos de apolíneo não deve ter sido do conhecimento de Homero".[8]

Na *Ilíada*, Homero descreve Apolo na forma em que ele teria surgido à época da guerra de Troia e da Cassandra histórica (cerca de 1200 a.C.): não tanto como filho-amante da deusa e mais como filho de Zeus, embora não revestido do seu ulterior aspecto purificado.

Jane Harrison, uma estudiosa da cultura clássica, divide o desenvolvimento histórico de Apolo em três fases: 1) a fase pré--histórica, como demônio da terra; 2) a fase transitória de herói, durante os tempos homéricos; e 3) a fase de deus do Olimpo.

---

[7] Ibid., p. 39, citação da *Ilíada*, linha 44.

[8] *The Homeric Gods*, p. 65.

Ela descreve as alterações ocorridas no relacionamento de Apolo e Ártemis, durante o transcorrer dessas fases:

> Homero muito se empenhou para filiar Ártemis a uma família patriarcal, mas, em seu mais antigo aspecto... ela é, sem dúvida alguma, uma manifestação da Grande Mãe: em Delfos, onde Apolo reina absoluto, sua "irmã", Ártemis, permaneceu ausente de forma estranha e significativa. O que aconteceu é óbvio: Ártemis, como mãe, tinha um deus-varão como filho ou consorte secundário, assim como Afrodite tinha Adônis. Quando o patriarcado suplantou o matriarcado, o relacionamento entre ambos foi, primeiro, espiritualizado – a exemplo de Ártemis e Hipólito – depois, o par passou a ser concebido dentro de uma mera relação irmão-irmã. Por fim, a figura feminina definhou de vez e o varão consorte emergiu como filho de seu pai ou porta-voz da vontade paterna.[9]

Assim, Ártemis perdeu sua supremacia como Magna Mater, se bem que, na Ásia Menor, mesmo durante a era clássica, ela conservasse seu caráter pré-helênico. Nos santuários de Éfeso, de Magnésia e de Iasos, por exemplo, no altar de Ártemis ofereciam-se sacrifícios a Apolo Píton, como seu sumo sacerdote.[10]

---

[9] *Themis: a Study of the Social Origins of Greek Religion*, p. 502.
[10] Farnell, *Cults of the Greek States*, p. 173.

A evolução de Apolo Píton reflete também a transição do matriarcado para o patriarcado. O epíteto Píton faz referência ao primeiro feito heroico de Apolo, que foi a morte da serpente Píton, guardiã do templo de Delfos, de cujo oráculo se apropriou em seguida.

Delfos, porém, muito antes de ter sido consagrado a Apolo, já era, durante o matriarcado, um centro religioso. A origem do dom divinatório em Delfos é descrita por Diodoro Siculo:

No lugar em que se encontra o *adyton* do templo atual, havia, outrora, uma profunda fenda no chão próximo de onde, antes de Delfos se tornar uma cidade, as cabras costumavam pastar. Se alguma delas se aproximasse da fenda e olhasse para dentro dela, começaria a pular de maneira espantosa e a balir num tom aflito, anormal. Quando um pastor, estranhando esse comportamento tão inusitado, examinou o local para descobrir a causa do fenômeno, passou a se comportar como as cabras e, parecendo possesso aos olhos das pessoas, começou a prever o futuro. Mais tarde, relatos do que acontecia a quem visitasse o local começaram a se espalhar entre os moradores da região, que acorriam em grandes levas, ansiosos por constatar a maravilha. Quem quer que se aproximasse da fenda caía em transe. Foi assim que o local passou a ser considerado miraculoso. O povo acreditava que o oráculo fora uma dádiva de Geia, a deusa da Terra. Durante certo tempo, os que ali chegavam em busca de conselho costumavam proferir os oráculos uns para os outros. Mais tarde, quando muitas pessoas em êxtase haviam se lançado dentro da fenda e desaparecido, pareceu de bom alvitre, aos que habitavam aqueles arredores, que, para segurança das pessoas, uma mulher fosse designada como única pitonisa, a quem e só a quem caberia profetizar. Construíram, então, uma peça onde ela poderia se sentar sem perigo, no momento em que o espírito se apossasse dela, e revelar os oráculos a quem a consultasse. Essa peça, por ser sustentada por três pés, era chamada de trípode.[11]

Ésquilo descreve, na oração da Pítia, que faz parte da abertura da peça teatral *As Eumênides,* a transferência do oráculo da deusa-Terra, Gê ou Geia, para Apolo:

Antes de todos os deuses, nesta prece

Rendo homenagem à Terra, a prisca profetisa;

Depois dela, a Têmis, a sábia, que no trono de sua mãe,

– Assim diz a lenda – vinha em segundo lugar;

Por cujo consentimento, sem pressão ou porfia,

Reinou em terceiro lugar outra titânida, filha da Terra,

Febe, que deu a Febo (daí a razão de seu nome)

De presente o trono, quando este nasceu.[12]

---

[11] Flacelière, *Greek Oracles*, p. 38.

[12] Ésquilo, *The Eumenides*, linhas 1-8 (Febo é um dos muitos nomes de Apolo).

Segundo Ésquilo, essa passagem se realizou pacificamente e de comum acordo, o que, ao que tudo indica, foi manipulado para agradar as clássicas audiências. Versões mais antigas, como, por exemplo, o hino homérico a Apolo Píton, falam de luta violenta, na qual o deus teria "matado com seu arco poderoso o Dragão-fêmea, monstro enorme e horrendo" – a serpente Píton, guardiã do santuário de Geia.[13] Vemos, aqui, a natureza heroica do Apolo homérico.

Bem antes, porém, a morte da serpente Píton não passava de uma outra versão da batalha do rei anual. Como em muitas histórias heroicas do período de transição para o patriarcado, Apolo não abriu mão do trono em favor do próximo contendor, rompendo assim o ciclo matriarcal e apoderando-se do oráculo de Delfos. Na obra intitulada *The Encircled Serpent*, M. Oldfield Howie salienta que, historicamente, Apolo sobrepujou Geia, no momento em que os gregos conquistaram o país e subjugaram seu antigo povo:

> Talvez seja este acontecimento simbolizado pela história do assassinato de Píton por Apolo – o domínio da velha religião – considerada a partir daí como a Diabólica – pela nova... Porém se, aparentemente, a deusa estava vencida e sua religião morta como sua guardiã, Píton, sua influência estava longe do

---

[13] Flacelière, *Greek Oracles*, pp. 34-35.

desaparecimento, pois continuou a fazer-se sentir durante todo o tempo de primazia do novo credo. A pele da serpente abatida foi usada para revestir a trípode em que a pítia, agora inquestionavelmente reconhecida como sacerdotisa de Apolo, sentava-se, exercendo sua função de revelar a vontade do deus reinante.[14]

Em *The Courage to Create*, Rollo May descreve o antigo período como uma era em que os gregos estavam ansiando por novas possibilidades, pela expansão das fronteiras externas e internas – fronteiras de cunho psicológico, político, estético e espiritual. Ruía a estabilidade da família grega; as formas de governar as cidades-estados, a interpretação dos deuses, tudo atravessava um momento de transformação. "Em períodos como esse, de mudança e crescimento, os indivíduos sofrem a ação não só da emergência, como da urgência, com toda a tensão que as caracteriza."[15]

May recorda sua visita à sala grega do Museu Nacional de Atenas e o espanto que lhe causaram os olhos dilatados das estátuas de Apolo do período arcaico, dando a impressão de "um estado agudo de alerta e vigilância" – em contraste com os olhos "calmos, quase sonolentos" das figuras clássicas do século IV, como, por exemplo, a de Apolo do Belvedere (página 26).

---

[14] *The Encircled Serpent*, pp. 139-142.
[15] *"The Delphic Oracle as Therapist"*; pp. 113-114.

Os olhos dilatados do antigo Apolo são típicos de um estado de apreensão. Expressam a ansiedade – a percepção excessiva, o permanente "olhar-ao-redor", para não deixar de captar qualquer fato novo – característica própria de quem vive numa época de fomentação.[16]

O santuário de Delfos atingiu seu apogeu num momento crítico da história grega. E. R. Dodds explica a importância do Delfos Apolíneo nesse período:

Sem Delfos, dificilmente a sociedade grega teria resistido às pressões a que esteve sujeita durante a era arcaica. O sentimento avassalador de ignorância humana e de insegurança, o temor do *phthonos* divino, o pavor do *miasma,* sob cujo peso acumulado sucumbiria, sem a garantia que tão divino e sábio conselheiro podia dar: a certeza de que, além do caos aparente, reinava propósito e onisciência. "Sei em quanto montam os grãos de areia e quais as dimensões do mar." Inspirado em sua divina sabedoria, Apolo diria como proceder em caso de medo ou de ansiedade; conhecia as regras do complexo jogo dos deuses com a humanidade; era o deus supremo... "O Escudo do Mal."[17]

---

[16] Ibid., p. 118.
[17] *The Greeks and the Irrational*, p. 75.

Foi por essa época que Apolo se diferenciou de seu irmão, Dioniso. Enquanto este continuou a ser adorado como um deus da natureza, Apolo perdeu suas qualidades ctônicas, espiritualizando-se. Tornou-se o deus da lógica e da razão. Forma, proporção e os conselhos sábios passaram a constituir valores essenciais para os gregos antigos, ansiosos por aprender a controlar as ardentes paixões e os negros poderes cuja existência, tanto na natureza como neles próprios, eles conheciam tão bem.[18]

Apolo passou a representar a verdade e a beleza, a distância e a objetividade: ele é aquele que dispara de longe. Ensinou o valor da abstração e da autorreflexão. Sua influência cresceu ainda mais na era clássica, ao abranger a lei, a música, a poesia, a astronomia, a matemática, a ciência, a medicina e a filosofia, atingindo os píncaros da glória quando associado a Pitágoras, Sócrates e Platão.[19]

Finda aqui o período de transição da velha ordem matriarcal para o novo patriarcado. Apolo reinou como o mais grego dos deuses durante todo o transcorrer da era clássica; e Delfos, o umbigo da Terra, tornou-se o supremo centro religioso da Grécia.

Mas o que sucedeu à deusa mãe primordial? Ésquilo esclarece esse ponto em *As Eumênides,* última parte da trilogia

---

[18] Rollo May, *The Courage to Create*, pp. 114-115.

[19] Graves, *Greek Myths*, vol. 1, p. 82; Kerényi, *Apolo*, p. 51.

denominada *Oréstia*. Aparentemente, a peça trata do julgamento de Orestes, acusado de matar sua mãe, Clitemnestra, para vingar o assassinato de seu pai, Agamenon. O propósito real do julgamento, contudo, não é meramente averiguar a culpa ou a inocência de Orestes, mas, sobretudo, determinar que lei prevalecerá, se a matriarcal ou a patriarcal.

Gilbert Murray, um estudioso do Classicismo, retrata a lei matriarcal nos seguintes termos:

> Sempre que o sangue de um parente próximo é derramado, suas abomináveis gotas caem, antes de mais nada, diretamente sobre a face da Mãe- Terra, poluindo-a. Ela, então, envia, das profundezas, o castigo – praga, peste e toda a sorte de privações da mesma forma que, em situações normais, concede ao justo vida e fruição. Vemos, assim, que as bênçãos e as maldições estão sob o controle do povo ctoniano, dos mortos, das Erínias, numa palavra, da Mãe-Terra. Quem dá, também pode tomar.
>
> A lei que diz "quem faz o mal será punido" é uma lei tão natural como o amadurecimento da semente ou o retorno da primavera; sobretudo, como o ciclo anual crescente-decrescente do calor solar. Esse decréscimo é, na verdade, o castigo que o sol, no zênite, impõe à *Húbris...* A regra de que sangue chama sangue, de que a *Húbris* parte antes do outono ou de que a todo pecado corresponde uma pena, mantém-se como inquebrantável lei

natural, da qual as Erínias são zelosas guardiãs... A lei das... Erínias não compreende nem perdoa. Simplesmente atua.[20]

Em *As Eumênides,* as Fúrias cantam:

Em pé – chegou a hora! – com passos de dança,
Terminemos nossa terrível tarefa:
Mostrar como este Bando dispensa, à perfeição,
A cada homem o seu destino.
Observem: agimos com extrema retidão.
Ao homem de mão imaculada, nossa ira
Não perseguirá: seu caminho
Há de seguir, livre de todo mal.

Mas ao que mata e oculta
A mão sangrenta, velozes ante seus olhos
Como leais testemunhas dos mortos, aparecemos:
E não o abandonamos mais até o extremo fim.[21]

Ésquilo escrevia no amanhecer de uma nova era. Para ele, Zeus, pai e soberano do céu, era fundador de um novo tempo e prometera romper essas cadeias sem fim de velhas e cegas

---

[20] Ésquilo, *The Eumenides*, introdução, pp. vii, ix.
[21] Ibid., linhas 308-319.

vinganças. "O Zeus que tudo sabe e tudo compreende é o mesmo Zeus que pode perdoar o pecador."[22]

Estamos aqui diante de uma ideia completamente nova – a ideia da redenção pelo conhecimento. Em *As Eumênides,* a divindade redentora é o próprio Apolo – *prophetes dios,* o profeta de Zeus.[23]

Atena preside soberana ao julgamento de Orestes, no qual Apolo e as Fúrias atuam, respectivamente, como testemunhas de defesa e de acusação. Esse julgamento transforma-se em uma luta de sexos, repleta de insultos. Apolo responsabiliza as Fúrias, ameaçando-as de expulsão:

Afastai-vos da minha porta!
Não assombreis mais este templo profético!
Depressa, antes que enfrenteis aquela serpente de flechas amargas
Que voa, ligeira, do meu arco dourado
E, em vossa agonia, vomiteis, outra vez,
A negra espuma que sugastes de homens torturados!
Este chão não acolherá vossos passos...
A cova malcheirosa de um leão
Será a vossa moradia adequada, não este recluso Santuário
De misericórdia, que vossa imundície repugna.

---

[22] Ibid., p. ix.
[23] Ibid., linhas 18-19.

Fora, bando selvagem de cabras desgarradas! Fora e sede tão
Amaldiçoadas que nem deus nem o demônio ousem amar![24]

A acusação das Fúrias era a de que fora Apolo o autor
intelectual do crime perpetrado por Orestes e, portanto, o culpado do mais hediondo de todos os pecados que pudessem ser
cometidos contra a Mãe-Terra: o matricídio.

> Esses são os atos que cometeis, vós, Deuses da jovem estirpe:
>> Quebreis a Lei à vossa vontade; vosso trono altaneiro
>> verte sangue,
> Úmidos o pé e a cabeceira. Há sangue no Santuário!
> O Coração da Terra atirou essa imundície ao rosto de todos
>> os homens,
>> Sujos para sempre, para sempre![25]

E assim voavam as acusações, até que os juízes lançaram
as pedras. Houve empate, mas faltava ainda um voto, o de
Atena, que optou pela liberdade de Orestes, apoiando a nova
ordem patriarcal. Suas razões:

> Porque, vejam, nenhuma mãe tem influência sobre mim: aprovo
>> Em tudo – exceto o que sei que não amo –

---

[24] Ibid., linhas 179-185, 194-198.
[25] Ibid., linhas 162-166.

A conduta dos homens. Sou alma e corpo daquele
Que me deu a vida.[26]

As Erínias respondem ao veredicto que as condenou:

Que isso acontecesse a mim,
A mim, de priscas eras,
De alma fiel! Condenada à
Imundície, abominável
Nas trevas em que habito, desonrada!
Meu hálito é um fogo que queima longo e largo,
E uma estranha angústia me apunhala o flanco.
Atende ao meu ódio, ó Mãe, Noite, muito minha,
Ouve o que esses falsos deuses me fizeram!
Minha honra imemorial, maculada,
E eu, condenada![27]

Atena apazigua as Erínias, prometendo-lhes um lar em Atenas e o respeito de seus cidadãos. As Erínias transformam-se nas Eumênides e o drama termina com este final:

Vertei o Cálice da Paz, onde as tochas estão se unindo,
Em Palas, lugar em que se encontra e em que se cumpre a obra.

---

[26] Ibid., linhas 737- 740.
[27] Ibid., linhas 863-874.

A Lei, que é o Destino, e o Pai, que tudo compreende,
Aqui se fundem num todo.[28]

Lendo esta peça, com a vantagem do enfoque moderno, reconhecemos nessa transformação o otimismo da Idade do Ouro, para não mencionar a inserção de uma boa dose de propaganda patriarcal. Sabemos que as Erínias não foram tão facilmente aplacadas, diante da ameaça que fizeram:

Acaso esta infâmia que paira sobre mim não se voltará
Contra este povo e o esmagará? Não envenenará a chuva
Que cai sobre ele, a peçonha desta dor
Que queima o meu coração?[29]

Apolo, indubitavelmente, tinha de emancipar-se e tirar seu poder do controle da Grande Mãe. Tinha de reivindicar uma identidade própria sem a qual jamais teria podido atingir a forma altamente diferenciada que o consagrou na Grécia do período clássico. Mas, à medida que seu poder se fortalecia, o medo primordial que o matriarcado lhe inspirava concretizou-se sob a forma da misoginia patriarcal. Esqueceu-se de que suas raízes tinham origem na deusa-mãe e não deu o menor valor à maternidade.

---

[28] Ibid., linhas 1044-1047.
[29] Ibid., linhas 816-819.

Melanie Klein, em "Algumas Reflexões sobre Oréstia", afirma:

Se analisarmos a atitude de Apolo, notaremos que a cega obediência que prestava a Zeus vincula-se, por um lado, ao ódio que votava às mulheres e, por outro, ao seu complexo invertido de Édipo... Esse mesmo ódio que votava às mulheres faz parte da ordem que deu a Orestes para matar Clitemnestra e a persistência com que perseguiu Cassandra, fosse qual fosse sua falha em relação a ele. O fato de Apolo ser promíscuo não entra em contradição com seu complexo invertido de Édipo. Pelo contrário, ele enaltece Atena, dotada de escassos atributos femininos e totalmente identificada com o pai.[30]

Falando de Atena, diz Apolo:

Não é filha da escuridão do útero,
Mas uma flor luminosa, sem rival,
Entre as deusas.[31]

---

[30] *Envy and Gratitude*, p. 285. O menino que sofre de complexo de Édipo invertido experimenta afetos negativos em relação à mãe e um forte apego ao pai. Quando a batalha edipiana se torna muito perigosa, o menino se defende contra sua agressividade, identificando-se com o feminino.

[31] Ésquilo, *The Eumenides*, linhas 670-672.

A misoginia de Apolo é um reflexo do expansionismo da tradição maniqueísta que afirmava que "a matéria, o mal, as trevas e a mulher são conceitos intercambiáveis".[32] Com essa atitude, não é de estranhar que Apolo fosse tão malsucedido em seus numerosos amores. Cassandra foi apenas um entre muitos.

A própria Pítia o rejeitou. Vejamos a descrição que Virgílio faz, em *A Eneida*, do momento em que Apolo se manifestou à Sibila:

> O deus! Olhe! O deus!...
> Assim que proferiu essas palavras diante do portal,
> A cor e a expressão de seu rosto mudaram;
> Seu cabelo voou em desalinho; seu peito arfou;
> E seu coração, indomável, bateu agitado. Ela parecia crescer
> Em tamanho e emitiu sons nunca emitidos por nenhum mortal.
>   Aspirou
> O deus que se aproximava...
> A profetisa, porém, não se submeteu ainda ao terrível Apolo;
> Correu desesperada ao redor da caverna, como se pudesse
> Expulsar o grande deus do seu peito. No entanto, mais e mais
> Ele atormentava sua face desvairada,
> Domando-lhe o ânimo bravio,
> Puxando e puxando mais as rédeas.[33]

---

[32] Hillman, *Myth of Analysis*, p. 219.

[33] Kerényi, *Apolo*, pp. 16-18, citando *A Eneida* de Virgílio.

Também no romance *A Sibila,* de Pär Lagerkvist, a profetisa lamenta sua sorte ambígua:

Ergo meu pulso contra ele, que me tratou assim, que me usou dessa forma, em sua gruta, na gruta do oráculo – usou-me como a um instrumento passivo – violentou meu corpo e minha alma, apoderou-se de mim com seu espírito maligno, com seu delírio, com sua, assim chamada, inspiração, inundou-me com seu hálito quente, com seu fogo estranho, e inundou meu corpo com o raio fertilizante da sua luxúria... Que me escolheu para seu sacrifício, para me possuir, para que minha boca espumasse em seu favor... Que me explorou durante toda a minha vida, que me espoliou de toda felicidade, que me negou tudo o que os outros podem ter – tudo o que lhes dá paz e segurança... tudo, tudo – nada me dando em troca, nada, a não ser ele mesmo. Ele mesmo. Que ainda está dentro de mim, inundando-me com sua presença, com sua inquietação, nunca me proporcionando paz, porque ele, ele mesmo não tem paz. Sem desistir de mim. Ergo contra ele o meu pulso, o meu pulso impotente! Sem desistir de mim![34]

Se essa é a reação da Pítia – mulher eleita e educada para preservar a integridade do seu vaso –, podemos entender melhor a resistência de Cassandra aos desejos de Apolo. Cassandra

---

[34] *The Sybil*, pp. 137-138.

era uma vítima do seu tempo, de um tempo que deu origem a um comportamento sadomasoquista na relação homem-mulher e a um complexo materno negativo coletivo, cujos efeitos ainda sentimos.

A transição para o patriarcado minou os antigos valores matriarcais, abalando, até às raízes, a identidade feminina de Cassandra. Mesmo a fonte de autoridade mântica, tradicionalmente domínio da mãe-deusa,[35] estava, então, nas mãos de Apolo.

Dinâmica Pessoal

Como já vimos, as relações de Cassandra com sua mãe arquetípica estavam muito abaladas. O relacionamento com Hécuba, sua mãe natural, era de índole profundamente aflitiva. Ela era a mais jovem dos dezenove filhos de Hécuba. Graves nos dá uma versão do momento em que Apolo concedeu-lhe o dom da profecia, com o que pretende demonstrar o quanto Cassandra fora preterida.

Em sua festa de aniversário, celebrada no santuário de Apolo Timbriano, Cassandra, cansada dos folguedos, adormeceu a um canto, enquanto seus pais, que haviam exagerado no vinho, embriagados, voltaram para casa, sem ela. Quando Hécuba voltou ao templo, deparou-se com as serpentes sagradas

---

[35] Ver Erich Neumann, *The Great Mother*, pp. 292-296.

lambendo o ouvido da menina e gritou horrorizada. Na mesma hora, as serpentes desapareceram sob um monte de louros e, a partir daí, Cassandra revelou dons proféticos.[36]

Esta história narra não só a negligência dos pais de Cassandra, como o pavor que se apoderou da mãe perante o nume tenebroso. Porém, outras retratam Hécuba como o próprio negro feminino – o que nos dá uma ideia ambígua de Hécuba.

Por um lado, ela é a mulher talhada para ser rainha de Troia e, ao que tudo indica, de pleno acordo com a nova linha de sucessão, por via paterna, isto é, através de Príamo.[37] Christa Wolf mostra Hécuba repreendendo Cassandra por chorar em público porque as lágrimas toldam a razão.[38] Vê-se claramente que Hécuba aderira aos princípios de Apolo, apontado mesmo como pai de dois de seus numerosos filhos (Troilo e Heitor).

Só mais tarde a história revelou-lhe outro aspecto: após a queda de Troia, Odisseu a recebeu como prisioneira de guerra. Ela, porém, desferiu pragas tão horrendas contra o herói, em particular, e contra os gregos, em geral, por suas crueldades e infidelidades, que foi condenada à morte. "Seu espírito transformou-se em uma das medonhas cadelas negras que seguem Hécate; atirou-se ao mar e nadou em direção ao Helesponto."[39]

---

[36] *Greek Myths*, vol. 2, p. 263.

[37] Wolf, *Cassandra*, p. 293; ver também Marion Zimmer Bradley, *Firebrand*.

[38] *Cassandra*, p. 37.

[39] Graves, *Greek Myths*, vol. 2, p. 341.

O relacionamento de Cassandra com a mãe caracterizou-se por toda uma série de desencontros: "Hécuba, minha mãe, reconhecia-me como filha quando criança; depois, deixou de se preocupar comigo. 'Esta menina não precisa de mim', ela dizia. Eu a admirei e também a odiei por isso. Príamo, meu pai, precisava de mim."[40] Assim, Cassandra, por não refletir suficientemente o desejo que sua mãe tinha de ser necessária, foi completamente relegada a um segundo plano. Mais tarde, contudo, quando Cassandra busca o apoio maternal no pai, é advertida: "Cuidado, Cassandra, Hécuba disse-me para não mergulhar muito fundo na alma do seu pai."[41]

Cassandra não seguiu este conselho:

> Não vou esquecer o pai que amei mais que a tudo, quando eu era criança... Eu, a favorita de meu pai e interessada em política, ao contrário de meus numerosos irmãos, podia sentar... no colo de Príamo, com a mão na curva de seu ombro.[42]

Esse amor era, em grande parte, idealizado e Cassandra mostrou que o conhecia. Vejamos o que ela diz: "A intimidade entre nós, como tantas vezes ocorre entre homens e mulheres, estava baseada no fato de que eu o conhecia e de que ele não me

---

[40] Wolf, *Cassandra*, p. 12.
[41] Ibid., p. 41.
[42] Ibid., p. 13.

conhecia. Ele fazia de mim uma ideia que deveria manter-se inalterada."[43] O que não aconteceu. Sempre que ela discordava dele, ele se voltava contra ela. E, à medida que as coisas pioravam para os troianos, a índole fraca, confusa, intratável e cruel de Príamo acentuava-se.

Quando Cassandra proferiu o terrível vaticínio sobre a queda de Troia, Príamo mandou aprisioná-la na cidadela, com ordens de que a carcereira o mantivesse informado de suas predições. Tendo-a, assim, sob controle, podia manter-se a distância do medo e da dúvida que sua negra feminilidade lhe infundia. E, embora publicamente a desmentisse e a considerasse louca, podia, secretamente, servir-se de seu dom.

Príamo não traiu apenas Cassandra, mas também uma outra filha, a bela Polixena, que entregou aos gregos em troca do cadáver de Heitor. Assim, os troianos ficaram reduzidos ao mesmo nível de brutalidade dos gregos da Idade do Bronze, com Príamo cometendo um ato não muito diferente do cometido por Agamenon ao sacrificar Ifigênia em Áulis.

Os pontos em comum entre Príamo e Agamenon não terminam aí. Com uma leve ironia, Christa Wolf conta que Agamenon, encontrando por acaso Cassandra na Praça do mercado, pasmou diante de sua semelhança com sua filha.[44] Mais

---

[43] Ibid., p. 50.
[44] Ibid., p. 103.

tarde, ele recebeu Cassandra como presa de guerra. Levando-a consigo para Micenas, pede à sua esposa, Clitemnestra, que a trate bem: "Cuidai dela com todo o carinho... / Ela é o prêmio e a flor escolhida entre os tesouros de Ílion / para, por cortesia dos guerreiros, seguir-me."[45]

Em sua ingenuidade e vaidade (húbris), Agamenon, retornando como herói vitorioso, esperava que sua esposa aceitasse a jovem, sem dar-se conta de estar somando um insulto a uma injúria. Para Clitemnestra, Cassandra é uma rival, não a filha que Agamenon há muito perdera e cuja falta quer expiar. Diante de seus corpos ensanguentados, com o duplo machado da deusa na mão, Clitemnestra disse:

> Para vingar, à perfeição, minha filha,
> Por [Héc]Ate e pelas forças infernais,
> (A quem sacrifiquei este homem),...
> Aqui jaz o corruptor desta mulher:
> Mimado e enganado pelas belas filhas de Troia.
>
> E aqui, *ela* jaz, sua presa de guerra,
> Clarividente, concubina,
> Profetisa fiel junto ao leito.
> Receberam o que mereciam...
> Sim, aqui ele jaz, e aqui, ela:

---

45 Ésquilo, *The Agamemnon*, linhas 954-959.

Cisne que entoou seu último canto, sua amada,
Conduzida ao meu tálamo como deliciosa iguaria.[46]

Assim, para Cassandra, o triângulo edipiano está reconstelado. Melanie Klein destaca que a hostilidade entre Cassandra e Clitemnestra ilustra um importante aspecto da relação mãe-filha, ou seja, a rivalidade existente entre duas mulheres que desejam obter gratificação sexual por meio do mesmo homem:

> Já que Cassandra fora amante de Agamenon, podia também se sentir na posição de uma filha que tira o pai da mãe e de quem se espera um castigo. Infere-se dessa situação edipiana que a mãe responda – ou pareça responder – com ódio aos desejos edipianos da filha.[47]

No caso presente, a retaliação materna torna-se fatal. Assim como as histéricas, Cassandra não tem condições de negociar essa situação edipiana, mas essa incapacidade tem raízes em experiência pré-edipiana, nas fases de desenvolvimento conhecidas como de simbiose e de separação. A mãe de Cassandra não foi capaz de proporcionar à criança, que precisava de muito mais carinho do que ela podia dar, um ambiente envolvente,

---

[46] Ésquilo, *The Orestes Plays*, p. 87.
[47] *Envy and Gratitude*, pp. 284-285.

acolhedor, assim como não preencheu suas necessidades infantis, nem tolerou os consequentes sentimentos negativos. Para mitigar uma ansiedade crescente, a criança teria de permanecer em um estado de simbiose, de fusão, existindo somente para refletir as necessidades maternas.

A fim de evitar que essa fusão simbiótica a consumisse, ou de ser castigada ou abandonada caso confessasse suas necessidades, a criança voltou-se para o pai. Este, também, carente do amor da esposa, acolheu, feliz, a atenção e o afeto que a filha lhe votava. Nela, ele podia encontrar um objeto de amor e uma alma-irmã, sobre a qual teria poder. A menina viu-se, uma vez mais, na posição de refletir uma outra necessidade: a do pai. Suas próprias necessidades consubstanciaram-se em gratificação oral, não nas atividades gênito-sexuais de uma mulher adulta. Ela se identificou com o pai, como uma substituta da mãe. Esse fato a impediu ainda mais de incorporar um ego feminino, suscitando, por parte da mãe, uma raiva e uma inveja enormes.

Pobre Cassandra, abandonada por Hécuba, traída por Príamo, enganada por Agamenon, assassinada por Clitemnestra e desacreditada por todos... sempre à espera do melhor e enxergando o pior... sempre à procura de um porto seguro, de uma mãe bondosa, mesmo em Apolo. Apolo, entretanto, queria mais que amor filial em troca de seu dom divino. E ela recusou-se a se entregar a ele sexualmente. Embora escolhida, não foi capaz de realizar seu potencial sibilino. Não o podia receber como mulher – genitalmente, de baixo para cima – como a Pítia o fazia, sentada na trípode e sendo agraciada com sua divina inspiração. Só o podia receber como criança, oralmente, e ele amaldiçoando-a, cuspiu-lhe na boca.

Para onde se voltasse, Cassandra era desprezada, agredida ou convidada a renunciar à própria identidade em prol de refletir uma terceira. Devido à sua natureza medial, era usada como um campo de projeção, faltando-lhe a defesa oferecida pelas fronteiras do ego que lhe teria permitido ser o que realmente era, não o que os outros queriam que ela fosse.

Christa Wolf descreveu o conflito de Cassandra:

Uma luta se desenrola dentro de mim. Eu compreendia isso muito bem. Dois inimigos haviam elegido o campo neutro de minha alma como campo de batalha, e estavam empenhados numa luta de vida ou morte. Somente a loucura se interpôs entre mim e a dor insuportável que, de outra forma, aqueles dois me teriam infligido.[48]

Qual a batalha que se trava dentro de Cassandra? A batalha arquetípica dos sexos, como se pode ver claramente neste diálogo travado entre dois personagens que representavam figuras paternas para Cassandra:

---

[48] *Cassandra*, p. 60.

Agamenon: É deselegante uma mulher querer mandar.

Clitemnestra: Pois é elegante a um guerreiro transigir.[49]

E se as linhas da batalha transparecem em O *Agamenon,* em *As Eumênides,* conforme vimos, uma guerra furiosa se trava entre Apolo e as Erínias, quando, então, Atena, no papel de juiz e de membro do júri, inocenta Orestes, legitima o matricídio e oficializa a supremacia patriarcal.

Não é de admirar, pois, que a deusa nada fizesse para ajudar Cassandra, quando esta, durante o massacre de Troia, buscou proteção no seu templo. Pelo contrário, Ajax violou-a aos pés da estátua de Atena. Cassandra não poderia ter encontrado naquele templo um abrigo materno seguro, porque Atena era muito mais filha do patriarcado, traidora de seu sexo e, como Apolo, de suas próprias raízes na deusa-serpente. Atena apaziguou as Erínias, prometendo-lhes que seriam respeitadas e entronizando-as num altar subterrâneo: na verdade, as estava banindo. Enquanto isso, Apolo, o jovem deus dourado, emergia incólume, uma imagem que perdura basicamente inalterada, até os dias de hoje.

Não esqueçamos, porém, a ameaça das Erínias: "Minha Lei, se quebrada, erguer-se-á em fúria, para perseguir essa gente."[50] Através das idades, a deusa negra tem feito tentativas

---

[49] Ésquilo, *The Agamemnon,* linhas 940-941.

[50] Ésquilo, *The Eumenides,* linhas 719-720.

para afirmar-se, mas o patriarcado tem conseguido reprimi-la a cada tentativa, de modo que ela se conserva subterrânea, escondida ou à sombra da religião esotérica (Cabala, alquimia, Wicca) ou no inconsciente, irrompendo sob a forma de psicopatologias, como a histeria e outras condições que hoje denominamos fronteiriças.

Até aqui, analisamos Cassandra como figura mitológica e como personalidade trágica. Aprofundamos-lhe a psicodinâmica e as feridas pessoais e coletivas que a levaram à morte. Veremos a seguir como, embora a vida de Cassandra tenha findado naquele triste dia em Micenas, o padrão mitológico por ela traçado sobreviveu através dos tempos e, ainda hoje, debate-se na psique feminina.

CAPÍTULO 3
Histeria – O Útero Errante

Cassandra personifica o conflito arquetípico entre os valores matriarcais e patriarcais, ambos pugnando pela supremacia e sem o vínculo de Eros para uni-los. A histeria tem sido, através dos tempos, uma manifestação dessa ruptura psíquica. Este capítulo abrange uma retrospectiva histórica e uma introdução à nossa posterior apreciação do significado da histeria hoje.

Como vimos, a tragédia de Cassandra consubstanciou-se em sua incapacidade para realizar seu destino de Pítia, vaso sagrado para a profecia divina. Sob um enfoque psicológico, seu complexo materno negativo subverteu o desenvolvimento de um ego ligado à matriz do Self feminino. Devido a isso, Cassandra carecia de uma limitação feminina para o ego – com efeito: ela não tinha útero.

Existe, na verdade, uma tradição de quatro mil anos que considera a histeria como uma doença do útero. A teoria da causação uterina remonta aos princípios dos tempos históricos e, desde então, com poucas exceções, tem contado com adeptos. Partindo do princípio de que tanto o registro histórico como a diagnose da histeria constituem fenômenos patriarcais, não temos meios de saber se essa síndrome já existia na era matriarcal.

Documentos médicos egípcios datam de 1900 a.C.; o mais antigo destes – o Papiro de Kahun – trata especificamente da histeria, que descreve como uma doença feminina, causada por "fome do útero ou por seu deslocamento ascendente, com a consequente compressão dos outros órgãos".[1] Os esforços médicos de então optavam por nutrir o órgão faminto ou por devolvê-lo à sua posição original.

Para atrair o útero, as partes eram fumigadas com substâncias raras e perfumadas; ou então substâncias desagradáveis ao

---

[1] Veith, *Hysteria*, p. 3.

paladar ou ao olfato eram ingeridas ou aspiradas, a fim de causar repugnância ao órgão e deslocá-lo da parte superior do corpo para onde, acreditava-se, ele se havia encaminhado.[2]

Os gregos aceitaram essa teoria e até batizaram a doença com o nome de *hystera,* que significa útero.[3] Eis aqui a vívida descrição de Platão:

> No que denominamos útero ou matriz, existe uma criatura viva, dotada de grande desejo de procriar que, se não der frutos no seu devido tempo, irrita-se e sente-se lesada, passando a perambular por todo o corpo, impedindo a respiração por bloquear as vias respiratórias, causando à paciente extrema angústia e desencadeando um sem-número de distúrbios.[4]

Na antiguidade, a histeria era vista como uma reação lógica, concreta e tangível a um desequilíbrio orgânico do corpo, resultante do fato de o útero estar em descompasso com sua própria natureza. Fatores de ordem sexual, sobretudo abstinência, eram reputados como a causa principal dos distúrbios, sendo a indulgência sexual o tratamento escolhido.

---

[2] Ibid.

[3] Ibid., p. ix.

[4] Hillman, *Myth of Analysis*, p. 253, citando o *Timeo* de Platão, 91c.

Com a ascensão do Cristianismo, os instintos naturais, como a sexualidade, passaram a ser frequentemente associados ao Mal; a abstinência sexual transformou-se em virtude – não mais em causa de doença. E a indulgência sexual deixou, claro, de ser prescrita como medida terapêutica.[5] Na Idade Média, as doenças, em geral, eram consideradas como manifestações de um mal congênito e consequência do pecado original.[6] A histérica deixou de ser encarada como um ser humano doente, portador de uma afecção psicossomática.

A histeria deixou de ser uma doença – transformou-se em claro indício de feitiçaria e caiu, por um lado, nas malhas da Igreja, ou melhor, da Inquisição e, por outro, nas malhas do poder temporal, uma vez que as penas eram infligidas pelo braço leigo.[7]

Durante séculos, um número incalculável de criaturas inocentes foram acusadas, torturadas e condenadas como bruxas. As histéricas enquadravam-se, perfeitamente, nessa atmosfera – tanto como vítimas sobre quem se lançara um feitiço, quanto como feiticeiras assumidas, procurando "sobrepujar as rivais no exagero com que descreviam, em resposta à persuasão

---

[5] Veith, *Hysteria*, p. 43.
[6] Ibid., p. 49.
[7] Ibid., p. 56.

ávida e cruel dos inquisidores, os êxtases proporcionados pelos prazeres imaginários da carne".[8]

Segundo o *Malleus Maleficarum,* a associação bruxa-demônio comprazia-se "com todos os tipos de apetites carnais... e com todas as formas de prazeres abjetos".[9] Acreditava-se que os demônios colhiam sêmen humano para injetar nos corpos de pessoas vivas que passariam a atuar como veículos para seus nefandos desígnios diabólicos. Assim, ainda uma vez, a histérica desempenha o papel de vaso para o deus, desta vez, Satã.

O alvo predileto do diabo era, obviamente, a mulher.

> As lágrimas de uma mulher são um embuste, pois tanto podem provir de uma verdadeira tristeza como de um ardil. Quando uma mulher pensa sozinha, pensa no mal!... Animal imperfeito, engana sempre... [Ela é] mais lasciva que o homem, como está patente em suas muitas abominações carnais... A inveja e o ciúme são as principais emoções da mulher... Sua memória é fraca, a inteligência parca, desordenados seus sentimentos e paixões.[10]

Ilza Veith, especialista em história da medicina, atribui essas ideias a Santo Agostinho, cuja obra servia de esteio e de

---

[8] Ibid., p. 59.

[9] Ibid., p. 61, citando Kramer e Sprenger, *The Malleus Maleficarum,* tradução Montague Summers (Londres: Pushkin Press, 1951), p. 21.

[10] Ibid., pp. 63-64, citando o *Malleus Maleficarum,* p. 43.

principal fonte de consulta aos Inquisidores. "Eles sentiam-se inquestionavelmente exaltados por um senso de justiça e seguros por poderem citar a tradução literal das palavras de Agostinho para o cumprimento da vontade do Senhor."[11]

Mas, enquanto a Igreja e os assim chamados curandeiros religiosos estavam condenando as histéricas à fogueira como bruxas, existiam médicos leigos que prosseguiam nas práticas greco-romanas da diagnose e do tratamento da histeria. O médico suíço Paracelso, se por um lado rejeitava a teoria do útero errante, por outro classificava a histeria entre as doenças que "destituem a criatura da razão" e propugnava que "a causa da doença residia na autodestruição da matéria que nutre internamente o útero e o mantém são, como acontece com o vinho que se transforma em vinagre".[12]

No século XVI, Rabelais trata do assunto em termos mais irreverentes:

> Estais bem lembrados de que Platão estava incerto quanto a como classificá-las [as mulheres], se entre os animais racionais ou se entre as bestas selvagens... porque a natureza colocou-lhes dentro do corpo, num lugar interior e secreto, um certo animal ou membro que não existe no homem; por ele, algumas vezes

---

[11] Ibid., p. 59.

[12] Ibid., p. 105, citando Paracelso, *On the Diseases that Deprive Man of his Reason* (Basileia, 1567).

são engendrados certos humores salobres, nitrosos, bóricos, acres, mordentes, picantes, abrasadores e amargos, por cujo contato e ação – pois este membro é extremamente nervoso e sensível – todo o corpo da mulher se agita, todos os sentidos enlouquecem, todas as paixões atingem a saciedade e todos os pensamentos entram em confusão. A tal ponto que, se a natureza não lhes houvesse rosado a face com um pouco de vergonha, vê-las-íamos correr pelas ruas como doidas, de modo mais assustador que... as Tíades báquicas, nos dias de suas bacanais, porque esse terrível animal de que vos falo está intimamente ligado a todas as principais partes do corpo, conforme ensina a anatomia.

Eu o chamo de "animal", de acordo com a doutrina dos Acadêmicos... porque, se o movimento, segundo Aristóteles, é sinal insofismável de coisa animada e se todo semovente deve ser chamado de animal, então Platão estava certo quando chamou a essa coisa de animal, tendo observado nele movimentos comumente acompanhados de sufocação, precipitação, contorção e indignação algumas vezes tão violentos que acabam por destituir a mulher de todos os outros sentidos e do poder de movimentação, como se acometida de síncope, ataque cardíaco, epilepsia, apoplexia, ou de algo muito semelhante à morte.[13]

---

[13] Ibid., pp. 107-108, citando Rabelais, *Pantagruel*, em *The Portable Rabelais*, tradução Samuel Putnam (Nova York: Viking Press, 1946), pp. 477-478.

Em 1603, Edward Jorden escreveu a primeira obra em língua inglesa sobre a histeria, baseado em sua experiência como abalizada testemunha médica num julgamento de feitiçaria, quando diagnosticou que a vítima acusada como feiticeira não passava de uma histérica, cujas aflições atribuiu a causas naturais.

> Nossos autores davam a essa doença diversos nomes como *Passio Hysteria, Suffocatio, Praefocatio red Strangulatus uteri, Caducus matricis,* etc. Em inglês, chamava-se a Mãe ou a Sufocação da Mãe porque, de um modo geral, as acomete bloqueando-lhes a garganta: e é *uma afecção da Mãe ou do útero, pela qual as principais partes do corpo sofrem diferentemente, de comum acordo, dependendo da diversidade das causas e das doenças que ofendem a matriz.*[14]

Esta sensação de asfixia era conhecida como *globus hystericus.* As outras partes do corpo sofrem "de comum acordo", o que ocorre por meio de uma "interação simpática" entre o útero doente e um órgão secundário, transformando-o em "partícipe da dor" ou, por meio de alguma substância nociva, como

---

[14] Ibid., pp. 121-122, citando Jorden, *A Briefe Discourse of a Disease called the Suffocation of the Mother* (Londres: John Windet, 1603), capítulo 2, p. 5 (em itálico no original).

"vapores".[15] De fato, o termo "vapores" surgiu por essa época, e foi posteriormente empregado como sinônimo de histeria, constituindo, no entanto, uma reminiscência dos gases que se acreditava emanarem da fenda de Delfos – os vapores que provinham do útero da Mãe-Terra.

James Hillman considera o livro de Jorden

> um divisor de águas, separando a antiga superstição, chamada possessão, da moderna superstição, chamada histeria... A bruxa é agora uma pobre paciente – doente, não perversa. A proteção psiquiátrica contra o mal não afasta o mal em si, apenas o situa em termos seculares. A misoginia não muda; aparece sob uma nova forma.[16]

Hillman cita a seguir Esther Fischer-Homberger, especialista em História da Medicina: "Onde a histeria for diagnosticada, a misoginia está por perto."[17]

Por volta do século XVII, a sede do problema foi transferida do útero para o cérebro. A histeria tornou-se uma doença mental e uma desordem psicológica e de conduta. Não perdeu, contudo, sua conotação sexual. William Harvey ainda responsabilizava a

---

[15] Ibid.

[16] *Myth of Analysis*, p. 254.

[17] Ibid:, citando Fischer-Homberger, "Hysterie und Misogynie" (tese, Universidade de Zurique, 1969).

causa da histeria, que denominava de *furor uterinus*, à abstinência exagerada de relações sexuais, quando as paixões são fortes".[18]

No século XVIII, o inovador da psiquiatria Philippe Pinel, introdutor do "tratamento moral" da insanidade, descreveu a histeria como uma das "neuroses genitais das mulheres".[19] Robert Carter desenvolveu essa ideia ao longo de linhas psicodinâmicas, que preparou o caminho para a teoria da repressão sexual de Freud. Desta forma, o conceito de abstinência evoluiu para o de repressão como o principal fator etiológico da histeria:

> Uma emoção fortemente sentida por um grande número de pessoas, cujas manifestações naturais são, entretanto, constantemente reprimidas de acordo com os usos da sociedade, é a que mais efeitos mórbidos apresenta. Este prognóstico vem apoiado em abundantes fatos; a paixão sexual das mulheres é a que mais precisamente preenche as condições prescritas e cuja influência perniciosa sobre o organismo é mais comum e notória. Em segundo lugar em importância podemos colocar emoções de um caráter

---

[18] Veith, *Hysteria*, p. 130, citando William Harvey, *On Parturition; in the Works of William Harvey*, M.D., tradução Robert Willis (Londres: Sydenham Society, 1847), p. 54.

[19] Ibid., p. 179, citando Philippe Pinel, *Nosographie philosophique ou la méthode de l' analyse appliqué à la médicine* (5ª edição; Paris: J. A. Brosson, 1813), p. 285.

permanente e quase sempre veladas, por vergonhosas e desagradáveis, como ódio ou inveja; após estas, outras igualmente permanentes, como pesar ou ansiedade que, não sendo desabonadoras, não correm tanto o perigo de serem reprimidas...

Embora o avanço da civilização e as sempre crescentes complicações do relacionamento social tendam a fomentar novas emoções que, de certo modo, relegariam os sentimentos amorosos a um segundo plano, como apenas mais uma sensação entre tantas outras, nem por isso sua incontestável intensidade se enfraqueceu, e, devido à necessidade moderna de ocultá-los inteiramente, é possível que provoque histeria num número maior de mulheres sujeitas à sua influência do que o faria se as condições sociais permitissem a sua livre expressão. Podemos portanto inferir, à guisa de raciocínio, que as emoções de ordem sexual são as maiores responsáveis pela eclosão da doença.[20]

Apesar da exposição de Carter demonstrar uma profunda compreensão da situação sociológica e psicológica da mulher do século XIX, ele mesmo não se mostrou tão compassivo quando descreveu a histérica como capaz de associar "burla e egoísmo"

---

[20] Ibid., pp. 201-202, citando Robert Carter, *On the Pathology and Treatment of Hysteria* (Londres: John Churchill, 1853), pp. 34-35.

e de se servir da doença para chamar a atenção de terceiros, com segundas intenções.[21]

Esta atitude moralizadora coadunava-se com uma onda de misoginia concomitante com o que pode ser considerado uma epidemia de histeria que irrompeu no século XIX. Um alemão contemporâneo de Carter, Wilhelm Griesinger, insistia em que "todas as doenças localizadas no útero, nos ovários e na vagina têm muita probabilidade de serem seguidas de histeria e de, gradualmente, progredirem para a loucura".[22] Griesinger atribuiu às histéricas uma "tendência ao engodo e à mentira, sinais de inveja declarada, e malignidade em maior ou menor grau".[23]

Jules Falret, psiquiatra francês do Hospital Salpetrière, revela esses mesmos sentimentos:

> Estas pacientes são atrizes consumadas; não conhecem prazer maior que o de enganar... a todos com quem entram em contato. As histéricas que exageram seus movimentos convulsivos... travestem de igual modo e de igual modo exageram os movimentos de suas almas, de suas ideias e de seus atos ... Em uma palavra, a vida das histéricas não passa de uma perpétua farsa; elas

---

[21] Ibid., p. 203, citando Carter.

[22] Ibid., p. 197, citando Wilhelm Griesinger, *Mental Pathology and Therapeutics*, tradução C. L. Robertson e J. Rutherford (Londres: New Sydenham Society, 1867), p. 201.

[23] Hillman, *Myth of Analysis*, p. 256, citando Griesinger.

afetam ares de piedade e devoção e deixam-se passar por santas ao mesmo tempo que, secretamente, abandonam-se às mais degradantes ações; e, em casa, perante os maridos e filhos, armam as mais violentas cenas, nas quais empregam a mais vulgar e obscena das linguagens, entregando-se às mais desregradas ações.[24]

No século XVIII surgiu uma nova influência que iria, por sua vez, causar grande efeito sobre o tratamento da histeria: a do médico vienense, Franz Anton Mesmer. Em sua opinião, essa doença era causada por um desequilíbrio do "fluido universal" que corria entre o homem e o cosmos, e que a cura poderia ser alcançada fazendo a paciente entrar, por meio de um ímã ou da mão humana, em contato com a fonte de onde emanava esse fluido. A teoria de Mesmer sobre o magnetismo animal não foi bem recebida pela comunidade científica de seu tempo. Suas práticas cheiravam a charlatanismo e teatralidade, atraindo um criticismo semelhante ao suscitado pelas próprias histéricas. Eis uma descrição de uma de suas típicas apresentações:

Mesmer fez sua aparição ao som de uma música triste e suave. Passou lentamente por entre seus pacientes, vestido com uma túnica ou traje de seda de cor azul-lavanda, fixando-os um a um

---

[24] Veith, *Hysteria*, p. 211, citando um ensaio de Falret, "Folie raisonnante ou folie morale", em *Études cliniques sur les maladies mentales et nerveuses* (Paris: Librairie Baillière et Fils, 1890), p. 502.

e tocando-os com suas mãos ou com uma longa vara de ferro imantado... Cativados por tão impressionante ritual, os participantes, em grande maioria mulheres, caíam em transe sonolento ou sono mesmérico, do qual acordavam refeitos e curados. A hipótese de que essa sensação de bem-estar pudesse ter resultado de gratificação sexual, talvez não de todo oriunda de influência astral, foi muitas vezes aventada.[25]

As técnicas de Mesmer, presumivelmente, tinham raízes na tradição esotérica, as quais, como veremos, teriam feito justiça às histéricas e explicado muito de seu sucesso no tratamento da histeria. E, apesar de Mesmer recolher-se à obscuridade, após ser desacreditado pela comunidade médica, a doutrina do magnetismo animal logrou sobreviver.

Na França, um dos discípulos de Mesmer, o marquês de Pysegur, acreditava que, em estado de sono magnético ou de sonambulismo, os pacientes mudavam completamente de personalidade e adquiriam o dom da clarividência, que perdiam quando acordados.[26] Vemos, assim, o reconhecimento da existência de mediunidade, durante um estado alterado de consciência, reminiscência do oráculo pítio da antiguidade.

---

[25] Ibid., pp. 222-223.

[26] Ibid., p. 224.

Na Escócia, James Braid, a princípio um perfeito cético que veio a se tornar profundamente interessado na matéria, foi o introdutor dos termos neuro-hipnotismo e hipnose, demonstrando que esses fenômenos são "induzidos por mera impressão feita sobre os centros nervosos", nada devendo a um "fluido místico universal".[27]

Os estudos de Braid exerceram influência marcante sobre um dos mais famosos proponentes da hipnose como tratamento da histeria, Jean-Martin Charcot, renomado neurologista e professor do Hospital Salpetrière. Nos últimos anos de sua vida, Charcot dedicou-se ao estudo das neuroses, da histeria e do hipnotismo. Sua exagerada confiança na hipnose custou-lhe a perda de muito do prestígio que granjeara anteriormente. Embora conhecido por suas observações sobre o contágio histérico e sobre o papel da sugestão na criação de certos sintomas de histeria, a causa de sua ruína foi a pressuposição de que o *grande paroxisme*, atingido por suas pacientes histéricas sob hipnose, era uma característica típica da doença. Na verdade, seus assistentes, ao induzirem o estado de transe, costumavam, como fazia Charcot, influenciar essas pacientes para que se comportassem exatamente como o mestre esperava.[28]

---

[27] Ibid., pp. 225-226, citando James Braid, *Neurypnology; Or the Rationale of Nervous Sleep, Considered in Relation with Animal Magnetism* (Londres: J. Churchill, 1843).

[28] Ibid., p. 239.

Outra grande contribuição de Charcot foi o significado que ele atribuiu ao trauma psicológico na produção de ataques histéricos. Ele tratava seus pacientes afastando-os do meio psicopatogênico em que viviam:

> É necessário separar não só as crianças como os adultos de seu pai e de sua mãe, cuja influência, como ensina a experiência, é sobremaneira perniciosa.

> A experiência tem mostrado, repetidamente, embora não seja muito fácil compreender a razão, que a influência materna é a mais perniciosa, pois as mães não aceitam nenhum argumento e só cedem, via de regra, em última instância.[29]

A teoria do trauma de Charcot, junto com as formulações de Carter referentes à repressão, lançaram as bases para a conceituação do complexo. Pierre Janet, um discípulo de Charcot, prosseguiu no desenvolvimento dessa conceituação quando observou que as manifestações histéricas de cada paciente eram extremamente repetitivas e predizíveis, e que esse comportamento automático girava em torno de certas ideias e reações emocionais. A *idée fixe* alojava-se no subconsciente e "ninguém

---

[29] Ibid., pp. 235-236, citando Charcot, "Isolation in the Treatment of Hysteria", em *Clinical Lectures on Diseases of the Nervous System*, trad. Thomas Savill (Londres: New Sydenham Society, 1889), p. 210.

poderia sanar um comportamento histérico sem antes perscrutar as profundas camadas da mente dentro das quais a ideia fixa acha-se escondida".[30]

O ponto fraco de Janet foi sua teoria da etiologia. Ele rejeitou a teoria da causação uterina, assim como a crença no hipererotismo das pacientes histéricas:

> Após haverem imputado às histéricas todos os crimes de feitiçaria e de tê-las acusado de, todos os sábados, coabitarem com Satã disfarçado de bode, as pessoas, apesar do transcurso do tempo, guardaram uma vaga lembrança dessas superstições, e continuam a afirmar que essas pacientes têm uma índole eminentemente erótica.[31]

Numa tentativa muito humana de livrar essa doença de ataques misóginos, ele rompeu a linha mestra de seu significado simbólico. Como já tive oportunidade de observar, Janet apreciou a palavra histeria sob um prisma poético, mesmo tendo-se apercebido de que ela, etimologicamente, perdera toda a sua significação.

O zelo de Janet pela palavra histeria não foi compartilhado por todos os discípulos de Charcot. O famoso neurologista

---

[30] Ibid., p. 252, citando Janet, *The Mental State of Hystericals*, p. 412.

[31] Ibid., p. 250, citando Janet, p. 215.

Joseph Babinski cunhou o que acreditava ser um nome novo para a doença – *pitiatismo*. Tratava-se da combinação das palavras gregas *peitho*, que significa "Eu persuado", e *iatos*, que significa curável. Babinski acreditava que o mais importante fator ligado ao diagnóstico e ao tratamento da histérica era sua sugestibilidade, que, em vista disso, possibilitaria a cura pela persuasão, isto é, por sugestão médica.[32]

Se Babinski estava ou não ciente da pítica conotação de seu neologismo, o fato é que ele se acercou muitíssimo de uma verdadeira associação entre Cassandra e a histeria. É interessante notar que, segundo a Enciclopédia Larousse, quando Apolo soprou na boca de Cassandra, "embora ele não lhe tenha tirado o dom de predizer o futuro, destituiu-a do poder de persuasão, de forma que, a partir daquele momento, ninguém acreditaria nos vaticínios de Cassandra".[33] Não é de admirar, pois, que para as histéricas, como para Cassandra, a habilidade de persuasão resida numa pessoa com autoridade apolínea, e, no caso da análise, no analista.

O mais famoso discípulo de Charcot foi Sigmund Freud, cujo interesse pela histeria forneceu-lhe o ponto de partida para o desenvolvimento da psicanálise. Num trabalho em colaboração

---

[32] Ibid., p. 255, citando J. Babinski e J. Froment, *Hysteria or Pithiatism and Reflex Nervous Disorders in the Neurology of War* (Londres: University of London Press, 1918).

[33] Larousse, p. 118.

com Joseph Breuer, intitulado *Studies in Hysteria,* Freud assentou as bases do tratamento que denominou catarse. Este tratamento consistia em investigar os sintomas histéricos até chegar aos eventos traumáticos ocorridos no passado da paciente e em remover esses sintomas mediante a recriação, sob hipnose, da situação original.[34]

Subsequentemente, o trabalho de Freud foi consagrado à transição da catarse para a psicanálise. Freud descobriu que podia explorar o inconsciente e as memórias recalcadas sem alterar o estado mental do paciente. A prática da hipnose e da sugestão foi substituída pela livre associação e pela análise dos sonhos, pela resistência e pela transferência.

Mais recentemente, em 1946, o próprio Freud observou que, associando a histeria à sexualidade, ele "estava regredindo aos primórdios da medicina e reavivando um pensamento de Platão".[35] Quando, antes disso, ele escreveu que a sexualidade não é um fenômeno puramente mental, mas que apresentava um aspecto somático o qual, através de processos químicos, produzia "certos tipos de substâncias, embora até o presente, desconhecidas",[36] não podia estar plenamente ciente do contexto histórico expresso por essa ideia. Ele não só estava reiterando

---

[34] Veith, *Hysteria*, p. 261.

[35] Ibid., p. 265, citando Freud, *An Autobiographical Study*, trad. James Strachey (Londres: Hogarth Press, 1946), p. 41.

[36] Ibid., citando Freud, p. 42.

Galen e as teorias dos humores e vapores, como estava antevendo que a endocrinologia poderia conter a chave para a solução da ruptura entre o corpo e a mente.

As deusas do Destino
(moeda do período diocleciano, c. 300 d.C.)

CAPÍTULO 4

Além da Perspectiva Patriarcal

O tratamento da histeria preconizado por Freud ainda é praticado hoje em dia, muito embora a incidência da doença tenha, supostamente, decrescido. Ilza Veith explica por que, na sua opinião, a histeria tornou-se uma doença menos frequente:

> Neste século, um comportamento que inclua "pontapés" e "faniquitos" é encarado como de muito mau gosto e com pouca simpatia, sendo excepcionalmente tolerado entre as "macacas

de auditório" como uma reação à apresentação de seus ídolos populares... Seriam inaceitáveis, hoje, os desmaios tão comuns às damas da era vitoriana porque, em parte, não encontrariam a menor ressonância em seu meio social... Desse modo, a histeria tornou-se, subjetivamente, pouco gratificante. A preocupação que se tinha em ajudar as histéricas, através dos tempos e até princípios deste século, deu lugar à indiferença e à incompreensão...

Os estudos de Freud sobre a histeria, em vez de dotar esta doença de maior significado, na verdade destituiu-a quase que por completo da importância mística que, por mais de dois mil anos, a caracterizou... Se, como se tem sustentado, a histeria é, antes de tudo, um meio de chegar à satisfação do ego, esta falta de atenção pode facilmente ter contribuído para o quase total desaparecimento da doença. Assim, pode não ser por demais paradoxal afirmar que foi o entendimento cada vez maior da causa da histeria, por obra de eminentes psiquiatras deste século, que pesou para o seu quase desaparecimento. As novas descobertas no campo da terapia encontram sua aplicação nas sérias psiconeuroses em geral, entre as quais as histéricas em potencial de nossos dias estão, presumivelmente, incluídas.[1]

---

[1] *Hysteria*, pp. 273-274.

Podemos não assistir mais a crises de convulsões e a ataques histéricos, mas desprezar a histeria ou considerá-la obsoleta é ignorar uma síndrome clínica bem-definida.

Veith baseou seu parecer sobre o desaparecimento da histeria no fato de que, em 1952, ela foi abolida do Manual de Diagnóstico da Associação Americana de Psiquiatria, onde foi substituída pela expressão "sintoma de conversão". Em 1968 porém, três anos depois da publicação do livro de Veith, o Manual revisado (DSM II) continha descrições referentes tanto à neurose histérica como à personalidade histérica:

Neurose histérica: Esta neurose se caracteriza por perda psicogênica involuntária ou desordem de função. Os sintomas característicos começam e terminam de chofre, em situações emocionalmente densas, e são sinais simbólicos de conflitos subjacentes. Podem, não raro, ser solucionados apenas com o emprego da sugestão.[2]

Personalidade histérica (Desordens de Personalidade Histriônica): Estes padrões de conduta caracterizam-se por excitabilidade, instabilidade emocional, reações exageradas e autodramatização. Esta autodramatização visa, invariavelmente, chamar a atenção e, com frequência, seduzir, esteja ou não a paciente consciente

---

[2] *Diagnostic and Statistical Manual of Mental Disorders* (DSM I), p. 39.

desse propósito. Estas personalidades são também imaturas, egocêntricas, via de regra frívolas e, usualmente, dependentes de terceiros.[3]

Otto Kernberg ainda diferencia a neurose histérica e as desordens da personalidade histérica (infantil, histriônica) de várias maneiras. A última, que ele classifica de condição fronteiriça, apresenta poucas relações objetais e aspectos que são, sobretudo, de natureza pré-edipiana. Na mulher neurótica predominam aspectos edipianos; e em outros relacionamentos, que não os sexuais, demonstra uma profundidade e uma maturidade não encontradas nas desordens de personalidade. Embora ambas sejam sexualmente provocantes, a neurótica tem propensão à frigidez, enquanto que a outra é menos inibida e inclinada a uma sexualidade "polimórfica perversa".[4]

Kernberg qualifica as histéricas em geral de emocionalmente instáveis, exibindo sentimentos calorosos exagerados, a par de uma faculdade de raciocínio e de pensamento infantis. Elas tendem a ser exibicionistas e extrovertidas, provocantes e pseudo-hipersexuais. Sua conduta é insistente, dependente e

---

[3] Ibid., p. 43. DSM II) agora incluiu a diagnose de histeria entre as categorias de "Neuroses Dissociativas e Somatofórmicas" e "Desordem de Personalidade Histriônica".

[4] "Psicoterapia Psicanalítica com Pacientes Narcisistas ou Fronteiriços."

superabsorvente, e são, frequentemente, submissas e masoquistas nos relacionamentos.

David Shapiro descreve a cognição histérica como impressionista e marcada por reações emocionais globais. A histérica é deficiente em conhecimento fatual, sendo mais romântica e sentimental do que objetiva, e dotada de parca capacidade de concentração mental. Suas respostas derivam de inspirações ou palpites. Embora, via de regra, aparente calma, ela está sujeita a explosões emocionais, a demonstrações inesperadas de carinho que arrefecem rapidamente, sendo depois lembradas como algo que passou por ela, independentemente de sua efetiva participação; como se uma força estranha a tivesse possuído.[5]

Shapiro aborda a questão à maneira de Freud, redutiva e negativamente, concentrando-se na repressão defensiva, na cognição inferior e no comportamento infantil. Ele não divisa nenhum sentido ou potencial construtivo nos sintomas histéricos. Apesar de seu tom um tanto depreciativo, suas observações são inegavelmente pungentes e relevantes. De fato, assemelham-se muito com a descrição da histeria feita por Jung, como uma doença do tipo de sentimento extrovertido, cujos juízos são ditados sobretudo pela tradição e pelos costumes e cuja função racional é infantil, arcaica e negativa.[6] Seria

---

[5] *Neurotic Styles,* capítulo 4.
[6] *Psychological Types*, CW 6, parágrafos 597 -600.

de esperar, no que tange à histeria, uma apreciação mais construtiva por parte de Jung, mas o tom condescendente de sua descrição leva-nos a pensar que ele também tenha sido afetado pela misoginia de seu tempo e talvez por seu próprio complexo materno negativo.

James Hillman explica esse "rebaixamento" tão pouco característico de Jung, e até antiético em relação aos princípios da psicologia analítica. Jung extraiu a ideia do *abaissement de niveau* – rebaixamento do nível de consciência – de Janet, que o associou a uma "insuficiência psicológica" conducente à histeria. Apesar dos denodados esforços de Janet para libertar a histeria da misoginia, ele continuou a encará-la como uma inferioridade de função, e uma inferioridade especialmente feminina.[7]

Jung manteve esse ponto de vista referindo-se à parte inferior da função como um *abaissement,* no qual ocorre uma *participation mystique* – identificação – com o meio e com o inconsciente coletivo. Consequentemente, escreve Hillman,

> na análise junguiana, como hoje é geralmente praticada, o *abaissement* e a inferioridade estão associados com a extremidade vermelha do espectro arquetípico – com a emoção e com a vida individual e comunitária – e o aspecto inferior de uma função é considerado inferior também sob um prisma de valor.[8]

---

[7] *Myth of Analysis*, p. 252.

[8] Ibid.

Como um aspecto muito importante para o complexo de Cassandra, Hillman aponta o próprio Apolo, que é a fonte do ponto de vista médico-redutivo da histeria. Referindo-se à declaração de Apolo na peça *As Eumênides* de que "a mãe não é mãe daquele que é considerado seu filho... Pode haver pai sem existir mãe", Hillman afirma:

> A fantasia apolínea da reprodução e da inferioridade feminina repete-se com fidelidade na tradição científica ocidental. Chamamo-la "apolínea" porque... [ela] evoca a objetividade depurada e a clareza científica da consciência masculina. O enfoque apolíneo do feminino parece inerente à mesma estrutura de consciência que a dos métodos pelos quais se prova, supostamente, a fantasia... Seria natural encontrar Apolo especialmente no jargão da ciência médica, uma vez que ele é o pai de Asclépio, Deus da Medicina.[9]

Podemos assim registrar como legado de Apolo à medicina moderna não só o dom da metodologia científica, como a maldição da misoginia.

Enquanto a histeria continuar a ser encarada apenas como uma doença, não há esperança de encontrar um sentido construtivo em sua sintomatologia. Por exemplo, sabemos que a

---

[9] Ibid., p. 225.

frigidez é um sintoma característico da histeria, sendo de fato usada para estabelecer um diagnóstico diferencial. O próprio termo – frigidez – traduz condescendência e recende a uma alusão masculina que encara o fenômeno mais como um déficit do que como a necessidade válida de uma pessoa. Existem muitas mulheres que têm boas razões psicológicas para não se entregarem ao desejo e ao orgasmo.

Ilza Veith acredita que a histeria "adaptou seus sintomas aos usos e costumes vigentes em cada sociedade; apesar disso, suas predisposições e aspectos fundamentais permaneceram mais ou menos inalterados".[10] Mantém-se a suposição de que a histeria é uma doença exclusivamente da mulher e da fantasia sexual que a tem rodeado. Como Veith faz notar "através de todo o emaranhado da sua história, corre o veio escarlate da sexualidade".[11]

Os sintomas histéricos expressam, de forma inconsciente, não só o que foi pessoalmente reprimido, como também o que permaneceu coletivamente desconhecido. Robert Carter, já no século XVIII, tinha consciência desse fato.[12] Sendo assim, faz sentido que a moderna sintomatologia não seja a mesma dos dias de Freud. Segundo Neil Micklem,

---

[10] *Hysteria*, p. viii.

[11] Ibid.

[12] Ver acima, p. 40.

A histeria não foi alterada pelo tempo; ou melhor, tem estado a serviço de um motor invisível que se esconde por trás do tempo, provocando mudanças de padrões e alternâncias de estilos... e surgindo como uma compensação à atitude consciente predominante.[13]

De um modo geral, durante toda a era patriarcal, a histeria tem contrabalançado a supremacia dos valores masculinos e, indiretamente, tem expressado ou representado os valores femininos inconscientes. Basta, a qualquer momento, um breve olhar por sobre a sintomatologia histérica, para compreender quais são em especial os valores reprimidos ou inconscientes que buscam integrar-se à corrente principal da cultura.

A partir da nossa perspectiva moderna, por exemplo, compreendemos que as histéricas da era vitoriana estavam expressando a repressão sexual da sua época. Freud interpretou os fenômenos motores dos ataques histéricos – os acessos e as convulsões, as lágrimas e os gritos – como a representação de afetos peculiares às memórias infantis. Mas a interpretação de Freud pode ser uma condescendência vitoriana e uma negação do que poderiam também ser os movimentos (contrações tônicas e clônicas) e os ruídos desinibidos emitidos por uma mulher adulta tendo um orgasmo.

---

[13] "Sobre a Histeria: A Síndrome Mítica", p. 153.

A repressão sexual em si não é mais um problema específico de nossos dias. A histeria, porém, continua a existir e a ser detectada sobretudo em mulheres. Quais são, então, os valores reprimidos que as histéricas atualmente carregam consigo?

Acredito ser a medialidade o valor inconsciente predominante que está sendo compensado pela histérica de nossos dias. Vejamos a descrição que Toni Wolff faz da mulher medial:

> A mulher medial está mergulhada na atmosfera psíquica de seu meio e no espírito da sua época, mas, acima de tudo, no inconsciente coletivo (impessoal). O inconsciente, uma vez constelado e conscientizado, exerce um efeito. A mulher medial é dominada por esse efeito; é absorvida, moldada por ele e, às vezes, chega mesmo a representá-lo. Ela precisa, por exemplo, expressar ou ativar o que "está no ar", o que o meio não pode ou não quer admitir mas que, apesar de tudo, é parte dele. E, sobretudo, o aspecto sombrio de uma situação ou de uma ideia predominante, de forma que ela, assim, suscita o que é negativo e perigoso. Sob esse ângulo, ela se torna uma mensageira do mal, mas o que ela faz, no entanto, é um problema pessoal exclusivamente seu. Como os conteúdos envolvidos são inconscientes, falta-lhe a necessária faculdade de discriminação para percebê-los, assim como a linguagem para expressá-los adequadamente. A força avassaladora do inconsciente coletivo domina o ego da mulher medial e o enfraquece...

Por sua natureza, o inconsciente coletivo não se limita à pessoa em questão – razão a mais para que a mulher medial identifique a si mesma e a outras pessoas com conteúdos arquetípicos. Mas o lidar com o inconsciente coletivo requer uma sólida consciência do ego e uma adequada adaptação à realidade. A mulher medial, via de regra, não possui nenhuma dessas duas qualidades e, consequentemente, criará confusão na ordem direta de sua própria confusão. As noções de consciente e inconsciente, de eu e você, de conteúdos psíquicos pessoais e impessoais, permanecem indiferenciados... Como os conteúdos psíquicos objetivos existentes nela mesma e em outrem não são compreendidos ou são encarados como pessoais, ela vive uma experiência que não é sua como se o fosse, e perde-se em ideias que não lhe pertencem. Em vez de mediatriz, ela é apenas um veículo e a primeira vítima de sua própria natureza.[14]

Parece que temos diante dos olhos não somente a descrição histérica, mas a da própria Cassandra. Na verdade, Christa Wolf tem algo a dizer sobre sua experiência medial:

---

[14] Toni Wolff, "Formas Estruturais da Psique Feminina", pp. 9-10. A mulher medial é um dos quatro tipos descritos por Wolff; os outros três são a mãe, a hetaira e a amazona. Este trabalho de Wolff não é encontrado com facilidade fora das prateleiras do Instituto Junguiano, mas um resumo dessa obra vem publicado em *Border Crossings*, da autoria de Donald Lee Williams (Toronto: Inner City Books, 1981), pp. 119-122.

O tempo parou. Eu não desejaria isso a ninguém. E havia o gelo do sepulcro. O derradeiro adeus entre mim e o próximo. Foi o que pareceu. Até que, finalmente, o terrível tormento assumiu a forma de uma voz; forçou sua passagem para fora de mim, através de mim, fragmentando-me ao passar, e libertou-se. Uma vozinha aguda, sibilando sem parar e que fez o sangue gelar-me nas veias e meus cabelos eriçarem. Uma voz que, à medida que crescia, gritava mais alto e mais assustadoramente, agitando, excitando, tumultuando todo o meu ser. A voz, porém, nada importa. Paira livre no ar acima de mim e grita, grita, grita com estrépito.[15]

Certamente a descrição que Ésquilo faz de Cassandra no *Agamemnon* – "levada a um estado de loucura pelo impacto da crise profética"[16] – não difere muito da descrição que Freud faz "do sentimento doloroso, do pranto, do grito, do desvario" da histérica.[17] Da mesma forma, o relato datado do século XVII, feito por William Harvey, sobre "aberração mental, delírio, melancolia, paroxismo da loucura, como se a pessoa afetada estivesse sob o domínio de um feitiço",[18] em tudo se assemelha à seguinte descrição da Pítia, na angústia do transe profético:

---

[15] *Cassandra*, p. 59.

[16] Flacelière, *Greek Oracles*, p. 36.

[17] Hillman, *Myth of Analysis*, p. 253.

[18] Veith, *Hysteria*, p. 130, citando Harvey, *On Parturition*, p. 543.

As cores mais ousadas seriam insuficientes para pintar os estertores que, logo a seguir, a acometeram. Vimos-lhe o peito arfar, mudar-lhe a expressão do rosto e todos os seus membros agitados por movimentos involuntários; ela, porém, apenas soltava gritos lancinantes e gemidos profundos. Por fim, com olhos esfuzilantes, boca a espumar e cabelos eriçados... ela arrancou a faixa de sua cabeça e, em meio aos grunhidos mais medonhos, articulou umas poucas palavras.[19]

E. R. Dodds, estudioso da cultura clássica, afirma que o deus se servia da voz da Pítia "da mesma forma que os assim chamados 'espíritos desencarnados' o fazem nas modernas sessões espíritas".[20]

O psiquiatra Jan Ehrenwald estabelece uma clara correlação entre a Pítia, o transe mediúnico, a bruxa e a histérica, destacando como comum a todos eles

o surgimento de personalidades secundárias e de estados de aparente possessão, de sintomas específicos de conversão histérica, do que os médicos renascentistas denominavam melancolia e os caçadores das feiticeiras de Salém chamavam de mãe sufocante.

---

[19] Howie, *Encircled Serpent*, p. 145.
[20] *The Greeks and the Irrational*, p. 70.

Assim, sob a perspectiva da moderna psiquiatria clínica, não existe solução de continuidade entre as crises e convulsões das freiras de Loudun ou Louviers, das feiticeiras de Salém, das sonâmbulas de Mesmer e das histéricas de Charcot e algumas das mais dramáticas manifestações do transe mediúnico.[21]

O próprio transe, observa Ehrenwald, foi um fenômeno que se repetiu em todos os períodos históricos:

Existiu no Egito e no Extremo Oriente, assim como entre as Pítias e Sibilas da antiguidade greco-romana; fazia parte das credenciais essenciais e obrigatórias dos profetas hebreus, de Amós e Oseias a Jeremias e Isaías. Integra o folclore dos povos mais atrasados, desde o dos sacerdotes e sacerdotisas vudus do Haiti, e de outras sociedades de feitiçaria das Índias Ocidentais, ao dos curandeiros e xamãs da América do Sul, da Sibéria e da África Central. Os êxtases religiosos, assim como outros estados alterados de consciência, chegando às vezes ao transe, contam-se entre as características de muitos santos e místicos católicos. Alguns deles, incluindo Santa Teresa de Ávila e Joana d'Arc, parecem ter se equilibrado com dificuldade entre as fronteiras da bruxaria e da santidade.[22]

---

[21] *The E.S.P. Experience: A Psychiatric Validation*, p. 35.
[22] Ibid.

A sugestibilidade e a receptividade da histérica sempre foram bem conhecidas, porém, seu potencial medial positivo raramente tem sido reconhecido. Toni Wolff descreve, com grande beleza, a função construtiva da mulher medial, como portadora dos valores coletivos e intérprete do *Zeitgeist*:

O presente contém dentro de si o passado e o futuro. A lucidez da consciência repousa nas negras sementes inconscientes de onde brotaram ou hão de brotar os valores culturais objetivos. E este substrato inconsciente que é captado pela forma estrutural *medial*.

... Se ela possuir a faculdade de discriminação, sensibilidade ou capacidade para compreender os valores específicos e os limites do consciente e do inconsciente, do pessoal e do impessoal, do que pertence ao domínio do ego e do que pertence ao domínio do meio, então essa faculdade de deixar-se moldar pelos conteúdos psíquicos objetivos possibilitar-lhe-á exercer uma influência cultural positiva... Nesse caso, ela consagrar-se-á ao serviço de um espírito novo, talvez ainda obscuro, da sua era.[23]

---

[23] Wolff, "Structural Forms of the Feminine Psyche", pp. 8-10.

Para que isso aconteça, diz Wolff, é imperativo que a mulher medial se torne consciente e adquira a faculdade de discriminação,

> de forma a tornar-se uma mediatriz em vez de um simples meio. Em lugar de identificar a si mesma e a outrem com os conteúdos inconscientes coletivos – um tanto dissociados da realidade – ela deve encarar sua faculdade medial como um instrumento e um recipiente destinado à recepção desses conteúdos.[24]

Wolff destaca um ponto interessante: que a primeira médium dos tempos modernos surgiu no mesmo ano em que teve início a emancipação feminina e em que foi publicado o *Manifesto Comunista* de Marx e Engels. Há quem acredite que este período correspondeu à aurora da Era de Aquário, o que indicaria que um papel de vital importância estaria reservado à mulher medial nos novos tempos.

Mas, para funcionar de modo positivo, a mulher medial necessita de um vaso forte para o seu ego, um vaso que conheça seus limites, que possa discriminar entre o pessoal e o transpessoal, e que possa comunicar. Além disso, seu ego precisa ser permeável para poder captar as impressões coletivas que tem, por missão, mediar. Diante disso, o modelo tradicional-patriarcal da estrutura do ego não basta.

---

[24] Ibid., p. 10.

Jan Ehrenwald observa que "mais de meio século após o advento da teoria da Relatividade e da mecânica do quantum, nossas teorias sobre a personalidade encontram-se ainda vinculadas à tradição clássico-aristotélica ou judaico-cristã".[25] A personalidade é concebida como uma fortaleza inexpugnável – um sistema autônomo, fechado, isolado – atuando num universo que se estende por espaços euclidianos, num período anterior à relatividade, regido pelas leis mecânicas de Newton e sujeito às normas aristotélicas de causa e efeito. Ehrenwald afirma que "a rejeição e o repúdio do fator telepático, pelo ego em desenvolvimento de uma criança, têm se tornado obrigatórios na nossa cultura".[26] Ele porém clama por um modelo aberto, transpessoal de personalidade, um modelo que seja permeável a fenômenos psíquicos (telepatia, clarividência, premonição).

Ehrenwald chama a esse novo modelo de uma personalidade sem barreiras. Se bem sejam suas observações interessantes e impressionantes, na minha opinião ele exagera um pouco. Seu conceito de uma personalidade sem barreiras despreza a necessidade de uma limitação individual. Talvez seja mais apropriada ao caso a imagem de um ego dotado de barreiras que operem como a membrana semipermeável da placenta. Tal modelo oferece, ao mesmo tempo, abertura e integridade. O novo

---

[25] Ehrenwald, *E.S.P. Experience*, p. 205.

[26] Ibid., p. 25.

ego precisa estar apto a manter-se consciente durante um estado de transe e a tolerar o que o patriarcado chama de *abaissement du niveau mental.*

Erich Neumann reconhece que esse rebaixamento do nível de consciência é crucial para a mediunidade.

> A psique feminina é, no mais alto grau, dependente da produtividade do inconsciente, o qual está muito de perto vinculado ao que concordamos designar de consciência matriarcal.
>
> Mas é precisamente essa consciência matriarcal, que existe em grande parte na *participation mystique* do homem com seu meio, e na qual a psique humana e o mundo extra-humano ainda estão, em grande parte, indivisos, que forma a base do poder mágico-mântico da personalidade humana.[27]

Mas à histérica falta o vaso do ego feminino, necessário para mediar esse nível de consciência. Seu ego patriarcal, identificado com o animus, está alojado na sua cabeça; não está assentado na sua consciência emocional/imaginal/corpórea.

David Shapiro descreve a histérica como "desprovida do senso de substância" que as pessoas precisam para resistir "às fortes influências passageiras".[28] Ele fala em substância emocional, porém a necessidade é também física. O ego da mulher

---

[27] *Great Mother*, p. 293.
[28] *Neurotic Styles*, p. 121.

medial precisa estar assentado na sua matriz feminina, não tanto para resistir às influências coletivas, como para relacionar-se com elas, conscientemente.

Quando Freud disse que o "órgão genital da mulher quando debilitado é causa de inferioridade",[29] ele não estava distante, mas sim, como tantas vezes, consolidando uma verdade simbólica... Ele se referia ao "pênis castrado"; porém, não é a masculinidade que é castrada na histérica. O órgão masculino na sua psique, o animus, é, na verdade, hipertrofiado. Hipotrofiado é seu órgão feminino, o vaso do ego, o útero. Esta é a verdadeira razão de sua assim chamada inferioridade. E por que não há de ser assim? – já que o feminino tem sido sistematicamente atacado, criticado, aviltado, violentado, assassinado, queimado, atormentado, fumigado, cirurgicamente extirpado, estimulado, mesmerizado e reprimido por milênios.

O ego da mulher medial precisa ser flexível, incorporado e sintonizado com o Self feminino. Este é o seu útero psicológico, o seu centro, o seu ônfalo.[30] E quando seu útero passa a errar, ela está perdida.

Entendemos agora o significado simbólico do termo "útero errante". Em acepção psicológica, ele se refere a um ego não assentado na matriz emocional, imaginal, do Self.

---

[29] Hillman, *Myth of Analysis*, p. 241, citando Freud, "The Dissolution of the Oedipus Complex" (1924), Standard Edition, vol. XIX, p. 178.

[30] Ver abaixo, pp. 90-92.

Examinamos os fatores coletivos que atravancaram o desenvolvimento desse ego sintonizado no Self. Vimos também que a sintomatologia histérica é a expressão inconsciente dos valores femininos reprimidos e uma forma de compensar os valores patriarcais prevalecentes; e, ainda, que a medialidade representa um valor feminino fundamental, do qual a histérica é, hoje, a portadora.

Lancemos agora um olhar à experiência de algumas mulheres-Cassandras modernas.

Segunda Parte

A CASSANDRA DE AGORA

A Vênus de Willendorf
(pedra calcária, do período paleolítico, Áustria;
Museu de História Natural, Viena)

CAPÍTULO 1

Negras Visões

Fundamental para o estudo da psicologia da mulher-Cassandra é o conceito de Jung sobre a influência do complexo mórbido na histérica:

> Na histeria, o complexo tem uma autonomia anormal e uma tendência a uma existência ativa separada, que reduz e desloca o poder constelador do complexo do ego. Desta forma, uma nova personalidade mórbida vai surgindo gradualmente, cujas

inclinações, juízos e resoluções estão inteiramente voltados para o desejo de estar doente. Essa segunda personalidade devora o que restou do ego normal e o obriga a atuar como um complexo secundário (oprimido).[1]

Um complexo se desenvolve quando o ego se torna incapaz de conter e de se relacionar conscientemente e, assim, incapaz de integrar um conteúdo inconsciente. Em outras palavras, o ego não tem capacidade para incorporar um arquétipo que está buscando expressão. O conteúdo inconsciente, então – sob a forma de afetos, imagens, traços de memórias e de expectativas –, aglutina substâncias ao redor do seu núcleo, como um cristal quando se precipita numa solução.

Qual é, pois, o conteúdo inconsciente que forma o fulcro do complexo mórbido? Jung o descreve em termos de um sentimento do tipo extrovertido, cuja função racional inferior

vem à tona, sob a forma de ideias obsessivas, invariavelmente de caráter negativo e depreciativo... Os pensamentos mais horríveis se agregam aos objetos mais preciosos a seus sentimentos.[2]

---

[1] "Association, Dream, and Hysterical Symptom", *Experimental Researches*, CW 2, parág. 861.

[2] C. G. Jung, *Psychological Types*, CW 6, parág. 600.

O complexo assume o controle quando a personalidade é destruída por uma "sucessão de sentimentos contraditórios".[3]

Embora esta formulação pareça verdadeira de um ponto de vista fenomenológico, as conclusões a que Jung chegou sobre a tipologia da histérica não explicam totalmente o conteúdo do complexo, nem correspondem às minhas próprias observações. Por exemplo, a mulher-Cassandra, com seu ego informado pelo animus apolíneo, apresenta frequentemente uma capacidade bem desenvolvida de raciocínio, mesmo que essa capacidade possa ruir ante o complexo mórbido. E por que uma mulher, cuja função primária é sentir, seria tão facilmente dominada pela ambiguidade?

Talvez mais pertinente que as observações de Jung seja o ponto de vista de Mary Williams, analista junguiana, que descreve o cerne do problema da histérica como sendo o complexo materno negativo – "a impressão causada por uma mãe terrível, destruidora, devoradora, isto é, pelo aspecto 'negro' da donzela. Nas histéricas, isto é postulado como uma ruptura formadora de um complexo mórbido que persegue o ego".[4]

O centro arquetípico do complexo mórbido é, portanto, a deusa negra; e os pensamentos obsessivos, negativos, depreciativos, medonhos, descritos por Jung, seriam, possivelmente,

---

[3] Ibid.
[4] "A Study of Hysteria in Women", p. 187.

nada mais nada menos que os atributos cíclicos, específicos da Grande Mãe em seu aspecto vingativo e destruidor. Não é de estranhar, pois, que a mulher-Cassandra, sob a ação do complexo mórbido, tenha a sensação de estar sofrendo um ataque das Fúrias.

Outro atributo da deusa negra é, claro, a medialidade. Embora seja a intuição a função natural superior da histérica, sua medialidade intrínseca não é cultivada nem mesmo sancionada pelo patriarcado. Quando muito sua natureza medial tende a ser explorada ou a servir de bode expiatório. Bem cedo ela aprende a ocultar ou a desfigurar essa qualidade. Seu ego não é nem suficientemente forte nem suficientemente permeável para tirar proveito desse seu dom natural.

Como já vimos, a mulher-Cassandra desenvolve um pseudo-ego vasado em valores apolíneos, o que Jung, em sua descrição da histérica, denomina "uma caricatura do [ego] normal"[5] e que Mary Williams classifica como "um ego ideal baseado na imagem tradicional da mulher boa e virtuosa".[6] Isto relega à sombra sua negra medialidade, aprisionada dentro do complexo mórbido, permanecendo primitiva e indiferenciada, como todos os conteúdos inconscientes que não têm acesso à luz do dia. A histeria é, então, a resposta angustiada do ego

---

[5] Ibid., p. 178.

[6] Ibid.

inadequado, incapaz de conter e de processar um influxo do inconsciente.

Esta psicopatologia é exacerbada pelo relacionamento aflitivo da histérica com sua mãe, que tende a ser uma mulher narcisista, dominada pelo animus e com pouca afinidade com sua própria feminilidade. Ela é incapaz de proporcionar um ambiente acolhedor às necessidades da filha, que taxa de exigências exageradas. Quantas mães de mulheres histéricas foram capazes de sublimar suas ansiedades maternas e de seguir os conselhos do Dr. Spock? Que alívio seria para o animus materno o bebê mamar por apenas três meses, andar aos nove meses e tirar a fralda com um ano e meio!

Entretanto, não existe, na criança, um vínculo simbiótico positivo ou a sensação saudável de um Self concretizado. A criança fica com a impressão de que não pode viver à sua maneira, e sim, à maneira da mãe. A realidade da criança não é levada em conta. Ela só adquire identidade própria se se conformar às expectativas da mãe. Em suma, a criança torna-se mãe de sua própria mãe, tão destituída de características maternais que precisa se sentir constantemente refletida e fundida na filha e que, invejosa, destrói quando não obtém o que quer.

O campo de consciência da criança projeta-se, sempre, no meio que a circunda; seu foco de interesse permanece externo. Ela procura cuidadosamente pistas sobre como proceder, sobre o quanto dela será tolerado por terceiros, desenvolvendo uma sensibilidade precoce, voltada para as necessidades de outrem. Citando Melanie Klein:

> Existem bebês que se abstêm de morder o seio, que chegam mesmo a mamar sozinhos com quatro ou cinco meses... Essa abstenção, a meu ver, indica que... o infante sente que feriu e esvaziou a mãe com seu ávido morder e sugar e, portanto, na sua mente, ele guarda a imagem da mãe, ou do seu seio, numa situação de dor... Eu sugeriria que este objeto ferido e digno de compaixão faz parte do superego.
>
> A relação com esse objeto ferido e amado comporta não somente culpa, como também compaixão, e é a fonte principal de toda a consideração e simpatia para com o próximo. Na Trilogia, este aspecto do superego é representado pela infeliz Cassandra...
>
> Cassandra como superego prediz as desgraças iminentes e avisa que sobrevirá o castigo, seguido de pesar.[7]

Acredito que, embora a criança possa sentir culpa e compaixão rudimentares, esse superego precoce não é indício da formação da assim chamada posição depressiva.[8] Ele apenas

---

7 "Some Reflections on 'The Oresteia'", *Envy and Gratitude*, p. 293.

8 Esta é a fase de integração do ego na qual a criança reconhece um objeto como um todo, isto é, que tanto o bom como o mau seio pertencem à mesma mãe. Ele se sente perdido e culpado – por ter perdido o objeto amado por causa de sua própria atitude destrutiva. (Ver Hannah Segal, *Introduction to the Work of Melanie Klein*, pp. 68-70.)

coloca o infante diante do objeto materno ferido. O que pode, possivelmente, parecer uma depressão normal constitui, na verdade, desespero total e renúncia apática. O grito saudável do bebê finda num gemido. O bom objeto permanece apenas como um potencial sem intermediário.

Não é de estranhar que a criança se volte para o masculino em busca de nutrição. Mesmo que o pai da histérica tenda a ser uma pessoa fraca e passiva, incapaz de penetrar a psicologia da esposa narcisista, a criança idealiza o masculino. Ela se identifica com o pai idealizado, ou melhor, com o animus apolíneo da mãe. Efetivamente, não existe mãe, não existe uma identidade feminina baseada no ego... O único aspecto feminino autorizado a emergir é o medial, através do qual o hipertrofiado elemento masculino – o animus materno internalizado pela filha – busca expressão. O ego está a serviço do animus que, na verdade, opera mais como uma estrutura de caráter narcisista, que reclama, a todo o momento, um reflexo positivo. O ego da mulher fica reduzido a representar o papel de anima para seu próprio animus.

No mito, Cassandra recusou-se a consumar sua união com Apolo. Na psique da mulher-Cassandra, essa *coniunctio* abortada se manifesta como uma profunda ruptura, tendo o animus apolíneo de um lado e a sombra da Cassandra histérica de outro. Agindo sob a ação do seu animus, ela pode estar na crista da onda do seu poder, mas, não obstante todas as conquistas, sente-se por dentro vazia e irrealizada. Ela pode ter muito talento, porém é incapaz de fazer valer efetivamente o seu dom. Suas aptidões, em grande parte cooptadas por seu animus apolíneo, atingem seu pleno desenvolvimento, permanecendo superficiais por não estarem conectadas com o Self feminino mais profundo.

Um de seus dons é uma espécie de intuição. Essa intuição, informada pelo animus, caracteriza-se pela clareza, pela luminosidade, pela elevação, sendo permeada por uma vibração arquetípica universal que, no entanto, repercute mal para os que a ouvem. Isso acontece porque a intuição não está fundamentada, não está incorporada a uma experiência pessoal. Ela não provém das regiões profundas onde nascem as visões negras – como as profecias de Cassandra – que a própria mulher se aterroriza ao vê-las e, mais ainda, à luz do dia. A negra intuição medial permanece à sombra, em íntima afinidade com o pólo negativo do Self feminino. Permanece não mediada pelo ego, conivente com Apolo. Este, por sua vez, evita e rejeita toda e qualquer desordem de ordem emocional, selvagem, "Furi-osa".

A sombra pode emergir por diversas razões: quando o animus apolíneo/ego ideal falha; quando ocorre um *abaissement* causado por doença, exaustão etc.; ou quando o ego é dominado pelas negras visões ou pelos intensos afetos negativos do complexo mórbido. A mulher é privada do benefício do animus apolíneo, que poderia ajudá-la a enfocar, compreender e articular sua experiência. Ela também perde toda noção de ego personificado que lhe proporcionaria alguma perspectiva. Dominada pelo complexo, só vê terror. As sombras se agigantam, maiores do que a vida. Ela se sente atacada não só pelo mundo exterior como também pelo mundo interior e, especialmente, pelo seu próprio corpo sob a forma de enfermidades somáticas, frequentemente de origem ginecológica. Dores e achaques normais transformam-se, na sua imaginação, em doenças fatais. A mulher torna-se presa de toda sorte de ideações paranoides que possivelmente contenham mais que um átimo de verdade, mas que, em termos de realidade, não pode ser provada.

O que a mulher-Cassandra vê aqui é algo negro e doloroso, possivelmente não aparente à superfície das coisas nem comprovado por fatos objetivos. Ela pode vislumbrar um acontecimento inesperado e negativo, ou algo difícil de controlar, ou uma verdade que terceiros, especialmente autoridades, não 'aceitariam. Em seu estado de terror destituído de ego, a mulher-Cassandra pode deixar escapar o que vê, na esperança, inconsciente talvez, de que outros possam extrair disso algum sentido. Porém, para estes, suas palavras soam insensatas, desconexas, absurdas. Não é de estranhar, pois, que não acreditem nela. Nem ela mesma acredita em si – seu ego não pode concordar com o que sua sombra sabe.

Sem a ajuda da luz esclarecedora de Apolo, suas visões permanecem negras, caóticas. Qualquer potencial que possa existir aqui para o desenvolvimento de uma profunda sabedoria feminina perde-se – para todos.

Serpente e mandala ovoide apresentando um círculo externo de olhos e asas, em cinco partes, o que é incomum.
(Extraído de C. G. Jung, "A Study in the Process of Individuation",
*The Archetypes and
the Collective Unconscious,* CW 9i, p. 347)

CAPÍTULO 2

Curando as Feridas

O processo terapêutico recomendado no caso da mulher-Cassandra implica a cura da ferida aberta entre a sombra e o animus apolíneo, com a consequente celebração da tão almejada *coniunctio*. A mulher pode, então, reivindicar o seu dom e cumprir seu destino de forma a que o que vê possa ser acreditado, especialmente por ela mesma.

Este processo é duplo: por um lado, o ego é desenvolvido, tornado forte e ao mesmo tempo permeável para poder integrar o aspecto negro da mulher medial; por outro, o animus apolíneo, narcisista, hipertrofiado, é dominado e remodelado, transformando-se num aspecto positivo da personalidade.

Na última linha de uma de suas primeiras obras, intitulada "Associação, Sonhos e Sintomas Histéricos", Jung conclui, misteriosamente, que o tratamento da histeria compreende "a introdução de algum novo complexo que libere o ego do domínio que sobre ele exerce o complexo mórbido".[1] Eu afirmo que esse "novo complexo" outro não é senão o ego feminino transformado e que o instrumento terapêutico que o introduz é a transferência.

Com efeito, a transferência pode ser o fator decisivo para a cura da histeria. Essa ideia não é nova. Afinal de contas, a teoria da transferência derivou, originalmente, do tratamento psicanalítico da histeria, estendendo-se depois a outras psicopatologias. O analista junguiano, Alex Quenk, chega ao ponto de sugerir que a facilidade que uma paciente demonstre para desenvolver uma transferência pode mesmo justificar um diagnóstico de histeria.

Quenk acompanha o pensamento de Jung, ao considerar a histeria em termos de tipologia; ele a vê como o resultado de um sentimento extrovertido extremado *e* de intuição. Ele atribui a sugestibilidade histérica a uma ausência de pensamento introvertido.

---

[1] *Experimental Researches,* CW 2, parág. 862.

Não é de estranhar que uma pessoa extremamente extrovertida possa desenvolver a transferência, especialmente porque [ela] dirige [sua] energia para o objeto e porque as respostas dadas pela pessoa-objeto fornecem os critérios avaliadores do bem--estar de uma pessoa extremamente extrovertida.[2]

Quenk, no caso da mulher extrovertida, destaca três estágios de transferência: Serei amada? Ousarei zangar-me? Ousarei amar?[3]

Embora pertinentes, estas formulações são, a meu ver, por demais simplistas. Existem, além da tipologia, outros fatores envolvidos no processo da transferência histérica. Por exemplo, a sugestibilidade da histérica deve-se também à sua natureza medial. A propensão para desenvolver transferências reflete--lhe a tendência de concretizar sua necessidade de limitação. Sendo assim, o que parece extroversão e raciocínio introvertido constitui, em grande parte, falta de interiorização devido às fronteiras inadequadas do ego.

Sabemos que o ego da mulher-Cassandra, identificado com o animus, não pode conter e se acha separado da sombra medial que permanece enclausurada dentro do complexo mórbido, até que ela possa desenvolver um ego para acomodá-la.

---

[2] "Hysteria: A Dynamic and Clinical Entity."
[3] Ibid.

Essa evolução efetua-se por meio de uma regressão terapêutica, dentro do campo da transferência, até chegar-se à fase de pré--separação da simbiose materna, onde a falta primária e a subsequente ruptura se originaram.

Qualquer falha cometida durante essa fase simbiótica acarreta consequências particularmente desastrosas para o tipo medial, para quem o primeiro e decisivo passo, em todo o desenvolvimento do ego, é a identificação. Uma falha materna nesse estágio danifica não só o ego da criança como também o eixo ego-Self, dando origem à profunda sensação de que seu ser essencial não é aceitável.

Uma regressão terapêutica oferece a oportunidade de reparar a falta. O primeiro passo envolve a desidentificação entre o ego e o animus apolíneo, e a transferência da identificação para o campo analítico. O recipiente analítico torna-se o útero, no qual o novo complexo – o ego feminino em sintonia com o Self pode ser gestado. Dentro desse temenos, uma transferência fortemente dependente tem campo para crescer. A mulher pode, então, passar por uma saudável experiência de identificação projetiva, que repara a falta primária no nível simbiótico e, finalmente, prepara o caminho para uma madura função medial.

À medida que analisa as vicissitudes da transferência, que culmina em separação, a mulher internaliza as fronteiras do recipiente analítico. Essas fronteiras oferecem um padrão para o crescimento de um forte ego incorporado que se comporta mais como uma membrana semipermeável do que como um sistema fechado e que pode, sem perder a consciência, tolerar um *abaissement*. O ego da mulher pode funcionar como o instrumento medial que estava destinado a ser, recebendo e processando dados provenientes de dentro e de fora, através de impressões cinestésicas, emocionais e imaginais. Os resultados são uma capacidade empática altamente diferenciada, um profundo senso de domínio interior e de confiança na sua medialidade. Eis aí uma mulher que acredita no que vê.

Além disso, a não identificação entre o ego e o animus apolíneo faz com que a mulher se desligue da mente e se volte para o corpo, de forma que o animus possa ajudá-la a se relacionar com as coisas como são e não como deveriam ser. Em vez de acorrentar as energias da mulher às suas próprias defesas narcisistas, o animus passa a atuar como ponte para o Self feminino, iluminando o caminho de ida e de volta de suas profundezas sombrias, de forma que o ego, mesmo desse lugar escuro, pode perceber as verdades. Ele a ajuda a discriminar os conteúdos inconscientes pessoais e coletivos, a compreender o significado daquilo que vê; possibilita-lhe manter sua posição e comunicar o que sabe.

Assim a regressão terapêutica até um nível de pré-separação proporciona a oportunidade de curar a psique pessoal. O valor da regressão, porém, não termina aí. O processo de cura envolve também a esfera arquetípica.

Embora a teoria psicanalítica tradicional afirme que a histeria é causada por uma fixação no nível de desenvolvimento edipiano, minha formulação a situa em nível pré-edipiano, com distúrbios edipianos como sequela. Essa ideia não é original. Muitos pós-freudianos, Jung inclusive, divergiram do mestre nesse particular.

Em *Symbols of Transformation,* Jung discorda da teoria de Freud de que a histeria resulta do medo e da repressão de desejos edipianos. Embora ache que a teoria de Freud sobre o incesto descreve com precisão as fantasias sexuais infantis que acompanham a regressão da libido, característica do inconsciente pessoal das pacientes histéricas, Jung sente que a teoria de Freud não aprofunda suficientemente a questão.

O último ato do drama consiste num retorno ao corpo da mãe. Isto usualmente se dá, não através dos canais naturais, mas através da boca, sendo devorada e engolida, dando, dessa forma, origem a uma teoria ainda mais infantil... A regressão atinge as mais profundas camadas da função nutritiva, que é anterior à sexualidade, e lá se envolve nas experiências da infância. Em outros termos, à medida que regride mais e mais, a linguagem sexual da regressão se converte em metáforas derivadas das funções digestivas e nutritivas... O assim chamado complexo de Édipo, com sua famosa tendência incestuosa, se transforma neste nível no complexo de "Jonas-e-a-Baleia", que apresenta um sem-número de variações como, por exemplo, a bruxa que come crianças, o lobo, o dragão, o ogro, além de outras. O medo do incesto se transforma em medo de ser devorado pela mãe. A libido em regressão aparentemente se assexualiza, recuando passo a passo, até chegar ao estágio pré-sexual da mais remota infância.[4]

Aprofundando-se ainda mais, Jung continua afirmando que a regressão

prossegue até uma condição intrauterina, pré-natal e, escapando completamente da esfera da psicologia pessoal, irrompe na psique coletiva, onde Jonas assistiu aos "mistérios" *(représentations collectives)* na barriga da baleia. A libido atinge, dessa forma, um tipo de condição rudimentar na qual... pode facilmente empacar, como também libertar-se por completo dos laços maternos e retornar à superfície com novas possibilidades de vida.

O que ocorre realmente nessas fantasias de útero e incesto é que a libido mergulha no inconsciente, dando margem, por conseguinte, a reações, opiniões, atitudes e afetos infantis advindos da esfera pessoal e ativando, ao mesmo tempo, imagens coletivas (arquétipos) que têm o sentido de compensação e de cura, que sempre pertenceu ao mito.[5]

---

[4] *Symbols of Transformation*, CW 5, parág. 654.
[5] Ibid., parágs. 654-655.

É precisamente o trabalho com essas imagens arquetípicas que leva à cura do complexo mórbido. Em *Psychological Types*, Jung descreve que a mobilização do inconsciente coletivo "ativa seu arsenal de imagens primordiais, trazendo assim consigo a possibilidade de uma regeneração de atitude em bases diferentes".[6]

Quais são, pois, as imagens arquetípicas aplicáveis à histeria? Três junguiano – James Hillman, Neil Micklem e Mary Williams – fizeram essa pergunta.

Hillman considera Apolo como o caráter central e a *coniunctio* o ponto crucial da histeria. Ele mostra de que modo a consciência apolínea deu origem a teorias sobre a inferioridade feminina e estabeleceu o elo entre a repressão do feminino e a histeria. Hillman observa que o próprio Apolo foi vítima dessa repressão. Ele demonstra como o deus, à medida que evoluía rumo à sua forma clássica, se identificava mais e mais com a masculinidade patriarcal, impelindo o feminino (anima) à projeção: daí os muitos mitos em que Apolo sai à caça de várias ninfas e virgens. Mas, de acordo com Hillman, "a *ânsia* pela *coniunctio*, como no exemplo de Apolo perseguindo Dafne, equivale a uma autoderrota por hiperativar o macho, conduzindo a psique a uma regressão vegetativa: Dafne se transforma no

---

[6] *Psychological Types*, CW 6, parág. 600.

loureiro".[7] Assim Hillman reconhece que Apolo cria uma ruptura que impede a possibilidade de uma união.

Apolo não está, realmente, almejando a *coniunctio*. Ele apenas usa as ninfas e virgens para depois descartá-las. Ele embarcou numa viagem de poder narcisista, procurando controlar e dominar o feminino, seu desejo lascivo voltado simplesmente para a conquista.

Para remediar esse impossível estado polarizado criado por Apolo, Hillman invoca Dioniso. Seu argumento é o de que a bissexualidade de Dioniso oferece uma alternativa andrógina à consciência unilateral apolínea. "A *coniunctio* não é uma conquista, mas uma doação. Não é uma meta a ser atingida, mas uma possibilidade *a priori*."[8]

Discordo de Hillman em diversos pontos. Em primeiro lugar, ao apresentar Dioniso como uma imagem andrógina conciliatória, ele está ignorando a realidade do processo psíquico. Não pode haver um terceiro elemento, sem os dois primeiros, sem a luta entre os opostos. A *coniunctio* não é uma doação: é uma dura conquista. Ela envolve a interação de polaridades, o relacionamento de indivíduos com poderes, porém opostos.

Talvez fosse intenção de Hillman substituir o princípio apolíneo masculino predominante por outro mais condizente e mais simpático ao feminino, criando, assim, um espaço que

---

[7] "On Psychological Femininity", *Myth of Analysis*, p. 259.

[8] Ibid.

possibilitasse a *coniunctio*. Mas a prescrição de uma "dose de Dioniso" não é a resposta para os problemas da histérica. Uma nova infusão do masculino apenas enfatizaria o já hipertrofiado animus e mais uma vez desvalorizaria o feminino na psique da mulher. Antes que o animus possa ser modificado, a mulher-Cassandra precisa estar mais fundamentada na sua feminilidade. Não obstante sua bissexualidade, Dioniso é ainda um homem e, na forma com que Hillman o apresenta, é outro herói enviado para resgatar a pobre mulher histérica. É um desserviço oferecer a ela um *deus ex machina*. Ela tem de superar sua inferioridade com seu próprio ego para, finalmente, enfrentar o masculino, incluindo seu próprio animus, em igualdade de condições.

Outro problema que vejo na formulação de Hillman é a não diferenciação entre duas entidades clínicas distintas, a saber, o fenômeno grupal conhecido como histeria coletiva, que seria corretamente associado a Dioniso, e a neurose histérica, que afeta o indivíduo sendo, no fundo, uma consequência da medialidade afligida.

Platão estabeleceu claramente essa diferença. De acordo com E. R. Dodds, ele considerava Apolo o patrono e a inspiração da divina loucura profética e distinguia entre

a mediação apolínea que almeja o conhecimento, seja do futuro, seja do presente oculto, e a experiência dionisíaca que é praticada ou para seu próprio bem ou como um meio de cura mental, estando ausente ou bem subordinado o elemento mântico ou medi único. O dom mediúnico é um dom raro, concedido a pessoas escolhidas; a experiência dionisíaca é essencialmente coletiva ou grupal... e está muito longe de ser um dom raro, por ser altamente contagiosa.[9]

Simplesmente substituir um arquétipo por outro é fazer injustiça a ambos, é trair o arquétipo dominante que jaz por trás do compromisso de Cassandra. Ela foi chamada por Apolo, não por Dioniso. A luz das semelhanças existentes entre Dioniso e o Apolo das eras arcaicas, a confusão é até compreensível, porém o ponto de vista de Hillman nega o caráter ímpar de Apolo e o fato de que a neurose histérica é a resposta feminina a *ele*.

Sem dúvida, é importante que, de vez em quando, a mulher saudável, bem adaptada, desabafe e entre em contato com suas raízes femininas coletivas, à maneira frenética das bacantes. No entanto, para a mulher-Cassandra, dotada de um ego friável, a experiência dionisíaca pode ser fatal. Somente quando possuir um ego forte é que ela terá capacidade para assimilar o animus ctônico. Então Dioniso poderia, realmente, conferir-lhe um poder fálico, abater antigas e rígidas estruturas e suscitar uma consciência coletiva, além de, como o irmão negro de Apolo,

---

[9] *The Greeks and the Irrational*, p. 69

preparar o caminho para o ressurgimento eventual do saudável animus apolíneo na psique feminina.

Neil Micklem e Mary Williams identificam Deméter/ Perséfone como modelo arquetípico de relevância para a histeria, modelo este descrito por Williams como "um mito da ruptura da *participation mystique* na experiência mãe-filha, e a consequente 'violação' e 'iniciação' da virgem".[10] Ambos os autores reconhecem que a histérica provém de uma constelação familiar, tendo por ascendente uma mãe severa e autoritária. A mãe "possuída pelo animus" impede a violação pelo deus de espírito masculino; ou, como Micklem afirma de forma sucinta, há "uma interferência por parte da 'mãe' (Deméter, útero ou complexo) no relacionamento entre o masculino e o feminino".[11]

Micklem, porém, incorre no mesmo erro de Hillman, ao prescrever, prematuramente mais uma dose do masculino. Ele esquece o fato de que a histérica já está mais do que identificada com o elemento masculino e que é o relacionamento aflitivo com a mãe o que requer primordial atenção.

Como foi observado no capítulo anterior, Mary Williams considera o complexo materno negativo como o fulcro do

---

[10] "A Study of Hysteria in Women", p.179.

[11] "On Hysteria: The Mythical Syndrome", p. 161.

problema da histérica. Relatando o tratamento de uma paciente histérica, ela afirma que

> era possível abrandar a mãe terrível, ressaltando-lhe os aspectos mais positivos como a *initiator*... [o que] me pareceu formar o "novo complexo" que Jung advoga como necessário para libertar o ego da perseguição do complexo mórbido.[12]

Williams acha que a finalidade da terapia consiste em construir uma ponte para transpor o abismo existente entre a virgem e a mulher, de maneira que a mulher possa experimentar uma iniciação positiva e não apenas uma violação destrutiva. Deste modo, ela poderá reivindicar o poder do negro Self feminino, como representado por Perséfone, Rainha do Mundo Subterrâneo.

O que falha nesta formulação é que a violação/iniciação só pode ser experimentada quando a mulher tenha possuído um recipiente materno positivo, que a mulher-Cassandra não possui. O mito Deméter-Perséfone fala num bom relacionamento entre mãe e filha – bom, talvez até demais – a ponto de tanto a mãe como a filha relutarem em permitir qualquer ruptura em sua *participation mystique*. Concordo com que o mito Deméter--Perséfone seja de relevância para a histeria, mas não como

---

[12] "A Study of Histeria in Women", p. 187.

passo inicial do processo. Pelo contrário, é uma fase crucial no tratamento e o objetivo da regressão terapêutica.

Neil Micklem expõe bem a questão ao afirmar:

> Assim como Dioniso não é, provavelmente, o único arquetípico da histeria, assim também Deméter/Perséfone não podem ser apontadas como o único fundamento da síndrome. No entanto, em algum lugar no íntimo da Cora, em associação talvez com outras Coras – Atena, Ártemis, Psiquê –, poderia alojar-se o padrão de relacionamento insatisfatório, de colapso e a mistura através da identificação, mais do que a *coniunctio* e o hermafrodita.[13]

Como veremos, todos os arquétipos que Micklem menciona desempenham um papel no processo de transformação da mulher-Cassandra. Podemos acrescentar à sua lista de Coras a própria Cassandra, cujo problema básico consistia, realmente, "mais na mistura através da identificação do que na *coniunctio*". Presenciamos na sua história, de Troia a Micenas, uma elaboração do dilema da histérica. O velho mito, porém, não contém respostas para o problema de Cassandra, nem sugestões para a resolução do conflito. O drama de Cassandra que, historicamente, ocorreu na aurora do patriarcado, resultou em

---

[13] "On Hysteria: The Mythical Syndrome", p. 164.

Apolo, frontão oeste do Templo de Zeus em Olímpia
(mármore, c. 460 a.C.; Museu, Olímpia)

absoluto desastre. Ela não teve capacidade para evitar um triste fim nas mãos da mãe negativa.

Talvez alguma solução criativa possa existir, a partir do momento em que os valores femininos sejam reivindicados e a mitologia se desenvolva na Nova Era. Minha própria experiência clínica com a moderna mulher-Cassandra indica essa possibilidade. Talvez, após quatro mil anos, os ventos estejam soprando, favoráveis, para a mulher medial.

Fases da Análise

Minhas observações levaram-me a concluir que o curso da análise envolve um processo de cinco fases para o desenvolvimento do ego e do animus (em oposição ao paradigma de Quenk, constituído de três estágios). Cada fase se caracteriza por um arquétipo dominante, representado por uma certa deusa/deus do Panteão grego, que se manifesta na psicodinâmica da paciente e na transferência.

Ao examinar de perto não só o material fornecido pela analisanda, como os fenômenos de contratransferência (minhas próprias reações emocionais, imagens e percepções cinestésicas), identifiquei as dominantes específicas de cada fase. Tanto o diagnóstico como o prognóstico oferecem um plano para a cura e refletem as tarefas progressivas e intrapsíquicas, próprias para cada fase respectiva do processo (ver quadro). Meu plano, ao mesmo tempo prático e teórico, apresenta um trabalho em curso.

Minhas descrições do papel do analista podem parecer um tanto estranhas, especialmente quando se referem ao nível arquetípico de transferência-contratransferência. Baseei-me, em grande parte, em minha própria função medial e, portanto, utilizei dados coligidos pelo fato de eu "sentir" o arquétipo atuante. Cada analista tem instrumentos e técnicas pessoais de percepção e de intervenção. Minhas declarações quanto ao papel do analista em cada fase do processo não têm a pretensão de ser um padrão a seguir, mas sim o de um guia para a compreensão das possíveis manifestações clínicas e das reações induzidas pelos arquétipos.

Além disso, se bem eu apresente essas fases em sequência, elas não ocorrem numa sucessão nítida, linear. Ao contrário, se entrelaçam de maneira a lembrar a descrição feita por Kerényi do "desenrolar do drama como num sonho" em Elêusis onde "o deus e a deusa primordiais sofrem transformações sem fim, antes de se unirem".[14]

Assim como os Mistérios Eleusinos evocavam a qualidade fluida, criadora de mitos, do culto de um remoto tempo matriarcal, assim funciona o processo analítico para a mulher-Cassandra; à medida que ela circum-ambula o Self,

---

[14] *Essays on a Science of Mythology*, p. 137.

experimentando os diferentes aspectos do deus e da deusa primordiais. Integrando, pouco a pouco, sua experiência à consciência do ego, ela corrige a fragmentação e reestrutura a unidade original do Self. Somente então estará apta para enfrentar o animus apolíneo em igualdade de condições e cumprir o seu destino.

FASES DA ANÁLISE			
ARQUÉTIPO DOMINANTE			
EGO	ANIMUS	TAREFAS DESENVOLVIMENTAIS INTRAPSÍQUICAS	FENÔMENOS DE TRANSFERÊNCIA
Atena	Zeus	Desidentificação entre o ego e o animus patriarcal	O analista como sábio conselheiro: – estabelecimento de um quadro analítico – resistências – transferência idealizada
Deméter/ Perséfone		Regressão à fase de pré-separação do uroboro materno Incorporação do ego/Self rudimentar Dissolução do complexo mórbido (*Fase oral*)	O analista como mãe positiva: – vínculo simbiótico o seio bom – identificação projetiva (*participation mystique*); reflexo – fenômenos objetais transicionais
Hécate	Hades / Dioniso	Separação do uroboro materno Integração do negro feminino (especialmente do aspecto medial) Emergência do animus ctônico (*Fase edipiana/anal*)	O analista como mãe negativa: – separação/aproximação – transferência negativa/o seio mau – posição depressiva
Ártemis	Hércules	Consolidação das fronteiras do ego. Diferenciação entre o ego, a sombra e o Self Limitação da sombra. Experiência do animus como aliado (*Fase de latência*)	O analista como modelo: – autodisciplina – treinamento de afirmação – confrontação e crítica construtiva
Têmis	Apolo	*Coniunctio* (união dos opostos) Reconhecimento do Self (superego transpessoal) Aprimoramento do aspecto medial (*Fase genital*)	O analista como igual: – conflito criativo – interpretações simbólicas – término da análise

Atena nascendo da cabeça de Zeus. A lenda narra que ela já veio ao mundo "armada e com um grito vigoroso".
(Museu Britânico, Londres)

CAPÍTULO 3

Atena

Você foi particularmente brilhante na sua lógica, mas ser lógico não é estar certo – e nada neste mundo de Deus poderia torná-lo certo.

Juiz Heywood dirigindo-se ao advogado que defendia os criminosos de guerra nazistas no *Tribunal de Nuremberg.*

No terceiro de seus oito anos de análise, Ellen sonhou:

Eu estava no bairro comercial abandonado de minha cidade. Era um local deprimente, devastado pelo fogo, decrépito, decadente, onde nada sobrevive. Eu estava em companhia de meu pai, de minha mãe e de meu irmão. Íamos à igreja rezar. Porém, não havia igreja, apenas um terreno vazio, sujo e coberto de cascalho, com degraus que conduziam a um poço profundo. Parecia uma cena pagã – talvez da antiga Roma. Sinos estavam tocando. Ergui os olhos e vi meu pai que os tangia. Então notei o rabo de um gato preto e outros cadáveres de gatos decapitados ao redor. Era assustador e procurei não olhar. Quando nos aproximamos dos degraus, um gato preto atravessou nosso caminho. Então deparei-me com a metade de um cadáver de gato jogada no degrau. Não pude prosseguir. Só pude gritar: "Eu odeio isto!" Estava gelada e paralisada.

Este sonho retrata um aspecto nefasto do complexo materno negativo de Ellen, a crise espiritual e a profunda depressão que data da sua infância. Associando o sonho ao tema religioso, Ellen demonstrou a incapacidade que tinha em encontrar lenitivo no judaísmo, crença de sua família.

No sonho, o pai conclama a família ao culto. Porém, no lugar da sinagoga, Ellen depara com um poço vazio e com corpos mutilados de gatos pretos. O gato é um símbolo do negro feminino, familiar às bruxas e tão velho quanto os tempos. A reação de Ellen é de pavor histérico. Ela odeia gatos – "eles são esquivos, furtivos, causam-me alergia".

Devido à sua identificação com a família, Ellen havia internalizado a religião de seus pais; tudo o que restou da deusa negra foram os cadáveres de seu aspecto teromorfo – "cortados de comprido, como se corta uma galinha para fazer sopa".

A mutilação dos gatos revela quão distante ela está de seu verdadeiro culto e quão apartada do Self feminino.

O processo analítico de Ellen implicou "trabalhar sobre aquilo de que ela havia sido esbulhada"[1] e em resgatar-lhe a vida dos terrenos baldios que era o mundo de seus pais. Este sonho refletiu uma brecha na sua ideia obsessiva de que tinha câncer no seio. Até então, sonhara com quartos vazios de paredes negras ou com o assassinato de seus filhos.

Eis aqui outro de seus primeiros sonhos:

> Vou visitar uma pessoa num hospital de doentes mentais – uma mulher jovem, negra. Quero ajudá-la, mas ela começa a me estrangular.

A jovem negra é uma imagem do complexo mórbido, a sombra desintegrada. O ego do sonho sente-se estrangulado pela sombra. Essa sensação de estrangulamento é o *globus hystericus* do qual Ellen frequentemente se queixava quando acometida por terror, raiva ou inveja. Ela já relatara essa mesma sensação de estrangulamento em associação com o sonho anterior em que viu os gatos. Esta é a reação do seu ego quando confrontado com o negro feminino, aqui sob forma humana, não animal. O ego do sonho quer ajudar, mas é atacado. A

---

[1] Ver *I Ching*, hexagrama 18.

sombra está por demais desintegrada, cindida; mas agora, pelo menos, está contida, institucionalizada, oferecendo assim alguma esperança de tratamento e de reabilitação.

Este sonho ilustra o relacionamento do ego com a sombra na fase inicial do processo, a fase Atena. Aqui o ego *parece* saudável; como vimos no capítulo anterior, Jung chama esse estado de uma caricatura do normal. A pessoa que sonha só consegue agir se mantiver a sombra mórbida trancada, escondida, longe. Segundo as palavras de Ellen: "Você quer que eu tenha emoções, mas eu não quero sentir nada. É melhor estar sob controle; pelo menos, estou fazendo alguma coisa."

Podemos ver no sonho a paciente servir de rótulo e de bode expiatório para o complexo mórbido. O negro feminino não tem valor no patriarcado, e o ego conspira com o modelo médico apolíneo para diagnosticá-lo, o que mais a enfurece. O ego se identifica com o animus ao afastar a sombra. Arquetipicamente, é Príamo encarcerando Cassandra por predizer coisas que ele não queria ouvir.

Aqui, o ego de Ellen está atuando como uma caricatura da perspicaz Atena, um ego ideal ao qual Ellen muito aspirava. Atena era extrovertida, inteligente, ativa, honesta – a filha de um pai, nascida da cabeça de Zeus. Era muito admirada por Apolo. No entanto, foi Atena quem consentiu na violação de Cassandra em seu próprio templo, à sombra da sua estátua. Foi também Atena quem baniu as Fúrias para sua caverna subterrânea. E não são as Fúrias que fazem com que a sombra de Ellen a sufoque, cumprindo a ameaça das Eumênides de perseguirem, raivosas, os que quebrassem sua lei?[2]

Uma outra analisanda, Sarah, também sofreu os efeitos do complexo mórbido como um ataque das Fúrias. No princípio do tratamento ela se queixava de dor crônica nas costas. Num exercício de Gestalt, ela pôde visualizar uma imagem dessa dor, isto é, um enorme abutre, sobre seu ombro, querendo feri-la ou matá-la. No decorrer da análise, quando ela conseguiu integrar sua sombra à consciência do ego, a dor das costas passou.

No início da análise, Sarah, assim como Ellen, defendia-se desse complexo mórbido por meio de um ego como o de Atena, identificado com o animus. De fato, ela relatou uma fantasia infantil, na qual ela nascera do relógio da família do avô. Eis um de seus primeiros sonhos:

> Eu vejo um livro intitulado *Luz Interior,* da autoria de Cassandra Castleglove.

Aparentemente, este sonho indica que Sarah pôde chegar à consciência através do esforço do logos no seu aspecto-Cassandra. Mas o sonho também revela, por parte de Sarah, não somente uma compensação para sua treva interior, como a

---

[2] Ver acima, p. 35.

estrutura de caráter que ela erigiu para defender-se contra essa treva. Um castelo é uma fortificação, uma faceta do sistema feudal patriarcal. Luvas (gloves) protegem as mãos, conservam-nas limpas e escondem impressões digitais que podem detectar a culpa através da identificação datiloscópica. Elas também barram as sensações. Anos mais tarde, Sarah teve a seguinte revelação: "Cassandra Castleglove me protege. Ela é lúcida e correta, franca e destemida. Ela me impede de entrar muito fundo dentro de mim. Ela é o que escondo atrás de mim."

A Cassandra deste sonho é a filha do pai que se voltou para Príamo porque não encontrou em Hécuba um limite materno positivo. É Clitemnestra quem, afinal, se vinga de Cassandra por ter-se envolvido amorosamente com o pai. De novo, aqui, a garganta é atacada: Clitemnestra decepa a cabeça de Cassandra, imagem literal da ruptura mente-corpo.

Tanto Ellen como Sarah procuraram a proteção paterna contra a mãe negativa. Ellen sonhou:

> Eu estava dormindo em minha cama. Ouvi passos no *hall*. Gritei: "Papai!" A luz do *hall* se apagou. Compreendi que eu estava chamando pelo meu marido.

Ainda moça, quando começou a sofrer de decepções somáticas, Ellen costumava chamar pelo pai para que este lhe assegurasse que ela não tinha câncer. Quando se separou do marido e pôs termo a um casamento de conveniência, seguro, mas sem amor, ela perdeu uma defesa patriarcal contra o complexo materno negativo e sua cancerofobia recrudesceu.

Sarah guardava, igualmente, uma reminiscência edipiana de seus quatro anos de idade, quando chamava o pai para levá-la à noite ao banheiro, porque tinha medo "dos monstros lá de baixo", Sarah estava, na verdade, aterrorizada com sua mãe, severa sectária da Igreja Episcopal, dada a ataques violentos de irracionalidade e histeria, uma mulher cuja própria mãe era uma feiticeira confessa.

Quando criança, Sarah não teve outra saída senão identificar-se com o pai, que encorajou o incesto psicológico de sua inteligente filhinha, na medida em que ela refletia a sua alma. Foi somente na adolescência que a natureza destrutiva desse conluio se revelou quando o pai, da forma mais perturbadora e inconsciente possível, confessou-lhe a homossexualidade. Era como se o desabrochar da sua puberdade ameaçasse sua união incestuosa. Ele tentou prejudicar-lhe a sexualidade feminina, assim como Apolo estragou o dom de Cassandra quando a amaldiçoou. Com efeito, a menstruação de Sarah custou a chegar e era sempre acompanhada de cólicas fortíssimas.

As semelhanças entre o pai da mulher-Cassandra e Apolo não terminam aí. O pai de Sarah era um acadêmico dotado de mente brilhante e de refinada sensibilidade estética. Ela admirava e se identificava com essas qualidades. Mas mesmo esses depurados atributos apolíneos têm suas sombras: Febo, "luminoso e sagrado", torna-se mais sagrado do que vós; Agieu, "purificador e restaurador", torna-se obsessivo/compulsivo; Apolo Hiperbóreo, ideal e remoto, o deus da objetividade, da perspectiva, da lógica e da harmonia, torna-se frio, retraído e esquizoide. Descrito pelos anciãos no *Agamemnon*, "[Apolo] não ama a dor, nem dá ouvidos a ela".[3]

Melanie Klein diz que Apolo

é incapaz de sentir compaixão e simpatia pelo sofrimento... [o que] nos faz recordar aquelas pessoas que voltam as costas para qualquer tristeza como uma defesa contra sentimentos de compaixão e que abusam da negação de sentimentos depressivos.[4]

Este é Apolo em sua forma clássica, arrancado às suas raízes matriarcais, projetando escuridão e negatividade às Erínias, não se permitindo sentir a menor falta do feminino, mas perseguindo para sempre as ninfas. Christa Wolf comenta:

"Conhece-te a ti mesmo", a máxima do oráculo délfico, é um dos *slogans* de Apolo... [Apolo], embora se esforce, é incapaz de chegar ao conhecimento de si mesmo. As tênues regiões para onde

---

[3] Ésquilo, *The Agamemnon*, linha 1074.
[4] *Envy and Gratitude*, p. 295.

ele e seus discípulos se retiram temendo ser tocados... são frias. Eles necessitam de pequenos artifícios manhosos que impeçam que eles morram de frio. Um desses recursos é fazer das mulheres uma fonte de poder. Em resumo, moldá-las a seus padrões de vida e de pensamento. Em termos mais simples: explorá-las.[5]

Esta caracterização de Apolo descreve não somente o pai da mulher-Cassandra, como também o homem que ela tem dentro de si. Este é um animus perigoso para uma mulher que não esteja assentada sobre um forte ego feminino. O poder que ela possui mergulha no animus e não funciona como uma ponte para o Self feminino e estabelece uma ligação para cima e para fora, em vez de estabelecê-la para dentro e para baixo. Seu campo de consciência é projetado no animus e externalizado. O ego e o animus, numa defesa narcisista, conspiram para não sentir inferioridade e dor. Tudo é mais amplo que a vida e é idealizado.

A mulher pode ser clara e sincera em suas opiniões, pode ser até mesmo compulsivamente honesta, mas de um modo desconexo e talvez irreal. Sarah, por exemplo, muitas vezes contava histórias fabulosas; grandiosas; que ela mesma sentia como se escapassem da sua boca. Inclinava-se também a ter fantasias mirabolantes, quando o complexo mórbido era

---

[5] *Cassandra*, p. 294.

constelado. Todas essas manifestações são decorrentes da identificação do ego com o animus apolíneo.

Outras vezes, ao contrário, o ego, arrebatado pela sombra mórbida, sente e vê as coisas que a apavoram. A mulher deixa escapar o que vê de uma maneira indiferenciada, ou então se cala com medo de falar. Ela provoca, frequentemente, por parte de terceiros, desprezo apolíneo ou ataque sádico, e mergulha na sombra.

Em ambos os casos, consubstancia-se a instabilidade e a falta de uma limitação para o ego. A mulher torna-se joguete do animus ou da sombra. O objetivo da análise é estruturar o ego, meta que será alcançada sobretudo através da identificação projetiva na transferência.

A transferência, como já vimos, realiza-se, quase que imediatamente, devido à extrema extroversão, à sugestibilidade e à presteza da analisanda em projetar poder sobre uma pessoa que tenha autoridade. Trata-se de uma transferência idealizada, na qual o analista se transforma prontamente numa fonte de esclarecimentos e de sabedoria. O papel do analista é, muitas vezes, o de conselheiro ou de mestre: ajudando a testar a realidade, discutindo meios para a analisanda melhorar de vida, explicando as regras do quadro analítico. Desta forma, estabelece-se um recipiente terapêutico e desenvolve-se um vínculo com o ego, o que cria confiança e promove a cicatrização da ruptura psíquica.

Nesta fase, a função do analista se parece muito com a de Atena, que serviu de mediadora entre Apolo e as Fúrias no julgamento de Orestes. Preservando os valores apolíneos, o analista ganha o respeito do animus da paciente, cujo desprezo narcisista poderia abalar, prematuramente, a transferência idealizada.

Além disso, mediante a compreensão racional dos afetos negativos da paciente, o analista abre um espaço para as Fúrias e, ao menos temporariamente, as aplaca, neutralizando desta forma uma possível reação transferencial negativa maciça, que poderia romper o recipiente. Assim, o papel que o analista representa se enquadra nas palavras proferidas por Atena às Fúrias, na peça *As Eumênides:*

Todo o vosso peso, eu mesma ajudarei a carregar.
Sois mais velhas que eu e, por certo,
Mais sábias: no entanto, também
A mim Zeus concedeu discernimento e sabedoria.[6]

---

[6] Ésquilo, *As Eumênides*, linhas 847 -850.

Atena com a serpente
(lacre em pedra, séc. V a.C.; Curium, Chipre)

Deméter e Cora
(escultura em pedra, Tebas; Louvre)

CAPÍTULO 4

Deméter/Perséfone

Onde quer que a ciência arrancasse árvores, removesse camadas,
penetrasse cavernas, encontrou sempre esta Deusa
nos mais profundos extratos.

Cassandra, de Christa Wolf

No momento em que o primeiro nível de confiança se desenvolve, a natureza da transferência começa a mudar. O que foi a princípio um relacionamento com um bom pai (embora maternal), relacionamento este sobretudo mental, baseado num entendimento racional, evolui para um relacionamento com uma boa mãe, mais emocional, baseado em afinidade empática.

Esta mudança ocorre de modo orgânico e sutil. Por diversas vezes, a analista dá provas de ser confiável, suportando os golpes desferidos pelo animus e pela sombra da paciente, sem representar reações induzidas ou retaliativas. As resistências, surgidas nesse primeiro nível, à transferência e à dependência, são trabalhadas uma a uma. A analisanda começa a compreender que ela nem sempre tem de refletir o objeto, que tem capacidade para criar sua própria realidade e seu próprio material psíquico e que os outros irão se relacionar a *ela*.

Um dos sonhos de Sarah ilustra essa fase de transição:

> Muito vago – algo como um material delicado, transparente, que é meu; ele toca outras pessoas, emaranha-se nelas. Às vezes, é agradável a elas, outras vezes torna-se asqueroso, sufocante, pegajoso. Laurie e os advogados [da firma onde ela trabalhava] estão lá. Compreendo, estupefata, que eles têm o mesmo propósito, ou seja, zelar por esse material. Laurie ajuda a recolhê-lo e os advogados o descartam quando ele se torna perigoso.

Eis aqui Cassandra – "a que enleia os homens".[1]

Sarah descreveu o material do sonho como "fino e diáfano, mas podendo tornar-se abjeto – pegajoso como teia de aranha ou grudento como lama ou vômito. Tudo isso e, no entanto, não passa de um simples material". Na mesma sessão, ela contou que se sentia mais descontraída no trabalho, mais apta a ser ela

---

[1] Graves, *Greek Myths*, vol. 2, p. 385.

mesma, e mais desembaraçada de seu "lado irritadiço, queixoso, infantil, tresloucado". No sonho, a analista, cada vez mais maternal, a ajuda a livrar-se de todo esse material polimorfo, infantil, e os advogados, representando o animus apolíneo, o descartam, quando ela sente medo de ter ido longe demais.

Esse sonho também revela uma mudança no papel da analista. Há menos conselhos e sugestões, mais atenção e reflexo; mais receptividade à maneira feminina; ser em vez de fazer. A analista dá a si mesma permissão para que os problemas da paciente a preocupem. A analisanda começa a solicitar a analista com mais frequência. Poderão ocorrer pedidos de horas extras ou telefonemas histéricos entre sessões. Descobri que, nesta fase, sou dotada de uma grande dose de paciência e empatia. Quanto a horários, é usualmente possível conciliar os pedidos por mais atenção. Intrapsiquicamente, o ego da mulher-Cassandra está começando a se desidentificar do animus e a se concentrar, através da identificação projetiva, no campo analítico que está se tornando mais maternal.

À medida que a paciente abandona a proteção do sistema patriarcal defensivo e em que o recipiente materno constela, surgem medo, angústia e mesmo fantasias paranoides. À medida que a libido regride, surgem imagens frequentes de estar sendo devorada ou engolida. Embora a mulher sinta a alegria de ser vista e refletida, ela tem horror de se perder numa *participation mystique*. Portanto, é de vital importância que nesta fase a analista mantenha um ego distinto e que não se permita a fusão com a analisanda ou, o que seria pior – como a mãe desta o fez – a obrigue a fundir-se nela e a refleti-la.

A analista junguiana Rosemary Gordon sugere que, a esta altura, algumas das perguntas fantasiosas feitas pelas pacientes são: Será a analista capaz de manter em segurança minhas partes projetadas até que eu mesma as possa integrar? Ou ela as repelirá? Ou as tomará para sempre de mim?[2]

No caso, o papel da analista assemelha-se ao de uma mãe de criação, cuja mente e cujo corpo são sensíveis às necessidades da filha, mas que, como pessoa adulta, precisa certificar-se de que ela também pode cuidar de suas próprias necessidades.

É óbvio que, aqui, o arquétipo dominante subjacente é Deméter/Perséfone. A isso fazem referência Micklem e Williams.[3] Eles, porém, consideram esse registro mitológico como um ponto de partida problemático. De fato, a fase Deméter/Perséfone representa um passo construtivo de evolução, um passo que marca uma regressão terapêutica e o estabelecimento, via transferência, de um recipiente materno positivo, o qual, eventualmente, pode ser introjetado como ego feminino.

Bem recordamos a observação de Jung: a regressão histérica da libido culmina com o retorno ao útero – ao ventre da

---

[2]   "The Concept of Projective Identification", p. 142.

[3]   Ver acima, p. 70.

baleia, onde Jonas assistiu aos mistérios. Isto vem ilustrado em outro sonho de Sarah:

> Associei-me a um clube ou sociedade. Encaminho-me para a área da piscina que agora posso frequentar. É um lugar enorme, com uma grande piscina, maior que uma piscina olímpica, com muito poucos nadadores. Eu me sentia excitada com tudo aquilo, mas também um pouco receosa. Dobrando a esquina, há uma piscina menor – mesmo assim muito grande – que está vazia. E uma "piscina infantil", que achei mais adequada para mim.

Este sonho é indicativo de uma transferência carregada de libido: Sarah entrou para o clube. A piscina representa o limite analítico que sustém os conteúdos inconscientes indiferenciados do campo de projeção. Existem duas piscinas. A maior – a mãe – suplanta em tamanho uma piscina olímpica. Isso assinala uma regressão para além da coletividade patriarcal, ao estado matriarcal urobórico, talvez para a própria Geia, a deusa-terra primordial. Sarah, ao entrar para essa sociedade, pressagia o equivalente psicológico da iniciação/renascimento, tal como ocorria nos Mistérios Eleusinos, com raízes na adoração da Grande Mãe.[4]

---

[4] Ver Marion Woodman, *The Owl Was a Baker's Daughter: Obesity, Anorexia Nervosa and the Repressed Feminine* (Toronto: Inner City Books, 1980), pp. 104-107.

Deméter e Perséfone
(estela mortuária em mármore, princípios do séc. V a.C.,
Farsalo, Grécia; Louvre)

O sonho também mostra a ambivalência da sonhadora: seu medo e sua excitação diante dessa perspectiva. Nesta fase, tanto Ellen como Sarah expressaram o receio de que fazer análise junguiana equivaleria a participar de um culto. Ambas manifestaram-se novamente muito preocupadas quanto à possibilidade de surgirem profundas necessidades de dependência, temerosas de perderem a identidade pessoal, que seria absorvida pelo inconsciente coletivo.

No sonho, o fato de haver poucos nadadores na enorme piscina enfatiza a exclusividade do clube. Assinala também que alguns aspectos da sonhadora já se encontram em *participation mystique* com a mãe/analista. O ego do sonho, seja por medo, seja por uma avaliação adequada de seu tamanho, prefere a piscina das crianças. Isso sugere o potencial da sonhadora de, através da identificação projetiva, relacionar-se com os conteúdos do inconsciente coletivo dentro de um recipiente mais personalizado e em escala mais reduzida.

Sarah levou a sério este sonho e começou a praticar natação com regularidade. Isto foi uma terapia, tanto no nível psíquico como no somático. O exercício físico é importantíssimo para a histérica. Seu ego identificado com o animus havia aberto uma ruptura entre o corpo e a mente. Seu novo ego precisa ser incorporado, de forma a oferecer estabilidade e a capacitá-la a processar percepções cinestésicas. Daí ela precisar conhecer seu corpo, fortalecê-lo e sintonizar-se com suas necessidades e ciclos.

A esta altura, a mulher pode começar a se preocupar com aspectos físicos como higiene, exercícios, alimentação. Pode sentir um novo interesse por roupas e pelo seu meio social. Sarah, por exemplo, que sempre fizera tudo para parecer feia, começou, repentinamente, a se interessar pela sua aparência. Começaram a surgir os primeiros sinais de que viria a se tornar uma linda mulher. Demonstrou também possuir um gosto apurado por perfumes. À medida que a paciente introjeta o cuidado da analista pelo seu bem-estar, ela se volta para o seu próprio corpo e para o seu campo ambiental, como se fossem objetos transicionais.

Na arena da transferência, a analisanda se agarra à segurança do recipiente analítico. O menor desvio nesse quadro causa, a esta altura, uma tremenda ansiedade, ameaçando o incipiente ego feminino com um avassalador afluxo de afetos negativos.

A imagem arquetípica subjacente a esses fenômenos da transição é o ônfalo. Ônfalo é a pedra sagrada dos gregos, com formato de ovo/útero/seio, considerada como o umbigo ou o centro da Terra. Havia uma em Delfos, se bem que, originalmente, não consagrada a Apolo, mas à Geia. Onde quer que a Mãe-Terra fosse cultuada, ali encontrava-se, com certeza, o ônfalo.[5]

Sabia-se que a suplicante se agarrava ao ônfalo, reminiscência de como o óvulo se implanta dentro do útero de uma

---

[5] Harrison, *Themis*, pp. 396-399.

mulher grávida, extraindo seu alimento do endométrio, fortemente vascularizado. Na cena da página 155, detalhe de uma pintura num vaso de terracota datado do século IV a.C., vemos Orestes cingindo o ônfalo no santuário de Delfos.

Em termos psicológicos, o ônfalo pode ser interpretado como uma representação objetal do bom seio ou útero, a mãe positiva, que parece possuir o poder mágico de neutralizar a mãe negativa, isto é, de manter as Fúrias à distância. Uma mulher, fronteiriça mas com fortes tendências histéricas, tinha a mania de agarrar a bolsa de couro marrom sempre que se sentia angustiada e temerosa de ser dominada por afetos negativos.

Da mesma forma, mas de modo menos concreto, o limite analítico e a analista também se transformam em bons objetos aos quais a paciente se agarra, em busca de proteção, contra o complexo mórbido. Nas fases iniciais da análise, a transferência positiva tem condições de absorver o ataque da sombra. Isto, porém, não dura. As Fúrias não estão realmente apaziguadas; estão aplacadas apenas temporariamente.

Vale repetir aqui que as fases do processo analítico não avançam numa linha reta, mas em espiral. A histeria caracteriza-se por remissões e exacerbações. Sempre que o ego da paciente é assolado por um influxo de material sombrio não assimilável, reconstitui-se a fase Deméter/Perséfone, a fim de fixar as fronteiras do ego e de impedir o útero de errar.

Naturalmente, a face negra da deusa não é excluída tão facilmente. Mas, depois do estabelecimento de um recipiente materno positivo, está-se mais preparado para enfrentar esse terrível aspecto. Em termos arquetípicos, Perséfone está pronta para a violação/iniciação por Hades, de forma que ela pode, afinal, assumir seu papel de rainha do mundo subterrâneo.

Orestes em Delfos
Interior do templo, mostrando o ônfalo coberto com uma rede de filê.
Ao centro: Orestes com o ônfalo. *Acima, à esquerda:* Uma negra Fúria segura uma serpente em sua mão estendida. *À esquerda de Orestes:* Apolo gesticula com a mão direita para expulsar a Fúria.
À esquerda: A Pítia evitando a visão assustadora.
À direita: Ártemis supervisionando a cena.
(Cratera voluta do período apuliano primitivo, c. de 370 a.C.; Museu Nacional, Nápoles)

Hécate, deusa tríplice
(Museu Capitolino, Roma)

CAPÍTULO 5

Hécate

Bendito seja aquele que vê coisas.
Hino a Deméter

Qual a origem da serpente no paraíso da mulher-Cassandra? De acordo com a mitologia, foi Zeus quem permitiu que Hades, seu irmão e senhor do mundo subterrâneo, tomasse Perséfone por esposa, mas também é sabido que Geia conspirou com Zeus. Isto sugere um desígnio de maior grandeza, o projeto de uma grande obra, a *coniunctio*.

No homérico *Hino a Deméter,* Perséfone conta sua história:

Nós estávamos brincando num prado verdejante, minhas amigas e eu... todas virgens e no pleno viço da juventude; colhíamos
com nossas mãos as flores da terra, flores colhendo flores – bu-
quês de delicado açafrão, íris e jacintos, botões de rosas e lírios,
lindos de se ver. E havia um narciso – a terra generosa gerou-o,
glorioso como um açafrão, uma joia – eu, extasiada, vi-o e colhi-o,
mas a terra se abriu a meus pés e de suas profundezas surgiu
Hades, o grande senhor, que a muitos acolhe. Na sua carruagem
dourada, conduziu-me para dentro da terra e eu lutei, revoltada,
e gritando, proferi meu lamento.[1]

Jane [outra de minhas pacientes], em pleno processo de
perder sua virgindade psicológica, teve o seguinte sonho:

Eu estava atravessando o Central Park. Um homem negro, pe-
sadão à margem do caminho, pediu-me um fósforo. Assustada,
tento ignorá-lo. Com voz ameaçadora, ele diz: "Tudo bem. É
aqui que a calçada e a rua terminam!"

Este sonho ocorreu em seu quinto ano de análise, o qual
tinha se caracterizado por uma profunda regressão ao nível

---

[1] R. Wasson, C. Ruck e A. Hofmann, *The Road to Eleusis*, p. 71.

urobórico paradisíaco e pelo desenvolvimento de uma confiança baseada em vínculo simbiótico. A análise havia reconstituído nela uma ingenuidade que lembrava Poliana. O sonho foi o arauto da perda da sua inocência, da necessidade de se separar da mãe e da concomitante irrupção de uma extrema transferência negativa.

É natural que Jane relutasse em abandonar o temenos protetor do recipiente materno para enfrentar as trevas, especialmente seus próprios afetos negativos, sua agressividade.

No sonho, a mulher se recusa a ceder um fósforo – isto é, a relacionar-se ou fornecer luz – a seu animus negro. Seu ego prefere prosseguir num caminho suave, bem trilhado. A essa altura, o animus se exaspera, ameaçando tirá-la, à força, de seu círculo familiar.

Em termos psicológicos, Hades age para subtrair a mulher da fusão simbiótica com a mãe e para arrojá-la às suas profundezas obscuras, a experiências que ela, de livre e espontânea vontade, não desejaria conhecer, mas que, em última análise, podem conduzi-la a uma expansão da consciência. No momento, entretanto, ela apenas se sente violada.

Nesta fase, Hades pode ser experimentado por uma mulher através desses sonhos intrusos, ou através de projeção para um homem de sua vida ou para a analista. No início do processo, a paciente aprendeu a aceitar um narcisismo saudável – um senso sagrado, incorporado, de si mesma, mesmo que inflado e grandioso – destinado a curar o que Melanie Klein denomina de objeto cassandriano ferido e internalizado. No calor do recipiente incondicional de Deméter, a paciente sentia-se apta a gozar de privilégios e até de ter ambições, sendo suas exigências frequentemente satisfeitas.

Mas, assim como na história de Perséfone, na qual do narciso surge Hades "a quem todos encontramos",[2] chega, inevitavelmente, o momento em que a analista considera importunos os pedidos da paciente. Podendo ou não satisfazê-los, acha que a paciente exige demais.[3]

Em termos arquetípicos, a analista experimenta uma indução da raiva e da dor de Deméter pela perda do seu paraíso. Partiu-se o vínculo simbiótico.

Por exemplo, quando Sarah teve de se submeter a uma operação de emergência no abdômen, ela me quis lá, a seu lado. O hospital ficava muito distante e minha presença parecia inoportuna. Em dúvida, recusei-me, embora mantivesse contato

---

[2] Ibid., p. 59.

[3] Aqui, a transferência negativa precisa ser diferenciada da que é comum à primeira fase, na qual os sentimentos de rejeição da analista são induzidos pelas expectativas da analisanda de que a analista será idêntica à sua mãe. Essa expectativa pode ser interpretada como uma resistência à transferência. A contratransferência, entretanto, na fase Hécate, ocorre em nível mais profundo. Nasce do vínculo de transferência e pode ser considerado como as contrações psicológicas que caracterizam a maturação da gestação e a prontidão para o renascimento.

por telefone. Apesar disso, o fato de eu ter fixado meus limites, provocou uma tremenda raiva em Sarah. Isto marcou uma nova fase no processo de transferência. Ela estava sentindo o medo e a solidão que Perséfone sentiu ao ser violada por Hades, neste caso, os médicos que violentaram seu abdômen. Como Perséfone, Sarah gritou por socorro, numa tentativa inconsciente de provocar de minha parte uma resposta igual à de Deméter. Quando deixei de resgatá-la ou de protegê-la, sentiu-se abandonada e traída.

Este exemplo se repete num sem-número de escaramuças fronteiriças que ocorrem nesta terceira fase, caracterizada por confusão e conflito. Pela primeira vez, analisanda e analista se encontram em posições contrárias. O comportamento básico é o seguinte: a mulher-Cassandra faz um pedido. A analista se limita, com firmeza, a seus limites pessoais. A analisanda sente que a analista está se esquivando e tem uma sensação de abandono, de raiva e de terror. A analista enfrenta a situação, descrevendo a dinâmica desse comportamento. A mulher-Cassandra sente-se ainda mais incompreendida e enraivecida. Seu narcisismo foi violado. Ela se sente atacada, violentada, empurrada para o mundo subterrâneo da sua própria sombra negra. A analista a ajuda a analisar seus afetos negativos – raiva, medo, mágoa e desejos não correspondidos – e a conscientizá-los, pois um ego saudável pode deslocar a tendência de regredir às suas defesas iniciais do tipo apolíneo-esquizoide.

A analista não revida nem se curva às exigências da paciente, embora se identifique com seus sentimentos de dor e os compreenda. E a mulher-Cassandra, se por um lado pode se sentir prejudicada, por outro sente-se amparada. Devido a isso, deseja transigir. Não podendo ter tudo o que quer, está disposta a aceitar as limitações e a se contentar com o que pode ter. A confiança foi mantida. A mulher ama e odeia, ao mesmo tempo, a analista. A difícil fase evolutiva de separação-união é analisada e a posição depressiva, negociada. Desta forma, a separação se transforma em ressurreição, em que algo se perde e algo se ganha.

A analisanda se identifica com Deméter/Perséfone cuja experiência, em Elêusis, foi a de "ser perseguida, espoliada, violentada, *sem nada entender;* a de sentir raiva e dor, para finalmente tudo lhe ser devolvido e tornar a nascer".[4] Devido à sua decisão de exercer seu poder – de conter sua prodigalidade e até de ser destrutiva –, Deméter recuperou a virgindade. Como Deméter/Perséfone, a mulher precisa encarar a realidade da sua própria sombra negra, onde residem seus poderes mais profundos.

Lembremos o grito que ecoa em Elêusis: "Brimo gera Brimos!" – Brimo significando o poder de fomentar terror, ódio, barulho ensurdecedor, desdém hilariante – gera Brimos,

---

[4] Jung e Kerényi, *Science of Mythology*, p. 137.

a criança provida de chifres, representando Dioniso e a nova Perséfone.[5] É assim que a analisanda sente os aspectos negativos da separação, ao mesmo tempo que internaliza as fronteiras do seu ego. Cria-se um espaço interior uterino que pode limitar sua ambivalência e a partir do qual ela pode gerar um animus ctônico incorporado, apto a afirmar seu poder fálico.

É o novo animus da analisanda que não hesita em me dizer que errei numa interpretação. Esse poder fálico se manifesta não só no campo da análise, mas também no seu comportamento em sociedade. Nesta fase, por exemplo, Sarah teve a coragem de enfrentar seus patrões e de reclamar de seu salário defasado. Recebeu um aumento substancial. Ellen, finalmente, pôs fim a um casamento infeliz e fez planos para mudar-se do bairro deprimente onde morava para uma cidade maior.

Está claro que esta fase apresenta seus próprios perigos e tropeços. Se o ego ainda não estiver suficientemente forte para assimilar o influxo dos afetos negativos liberados pelo processo de separação, a mulher poderá reverter à sua estrutura mórbido-defensiva do tipo esquizo-histérico e/ou romper o recipiente analítico.

A esta altura, a analista precisa ter extremo cuidado para não representar uma forte indução de Hades. Pode surgir a tentação de forçar demais uma interpretação, de penetrar muito

---

[5] Ibid., pp. 142-148.

fundo ou muito rápido e, até, de dar uma sádica torcida na faca. Embora Hades tenha providenciado para que Perséfone comesse as sementes de romã, a fim de garantir sua volta ao mundo subterrâneo, a mulher moderna pode não querer ser forçada a comer. Este fato constela uma enorme ansiedade ao redor do complexo materno negativo, por lembrar experiências alimentares infantis, do tempo em que se alimentava de acordo com o esquema materno.

Não é de admirar, pois, que tanto Ellen como Sarah tivessem, quando crianças, sérios problemas para comer. Sarah era passiva e apática, enquanto que Ellen sofria de dor de barriga e só tolerava leite de cabra. Ela se lembra de que, quando criança, detestava se recostar ao seio materno, e quando adulta foi perseguida pelo terror hipocondríaco de câncer no seio.

Como vimos, a mãe da mulher-Cassandra descobre sua identidade feminina através de um estado de fusão com seu bebê, mas que, como *dominatrix*, exige que a criança reflita a *sua* realidade. Não lhe tolera a menor expressão de espontaneidade emocional. Isto apenas exacerba seu desejo de abandonar tudo. Se o bebê não coopera, a mãe se atrapalha, sente-se, talvez, rejeitada e se zanga. Se o bebê chora, a mãe pode enfiar-lhe o seio na boca, como Apolo que cuspiu na boca de Cassandra. Este é o seio "fálico", nutrindo o bebê com velada agressão – em demasia, muito depressa e sem atender às necessidades da criança.

A criança, em contrapartida, se refugia num estado esquizoide, abafando todas as paixões e afetos intensos. Certamente não existe espaço para o seu desejo natural de comer. Ela projeta seu campo de consciência na psique da mãe, a qual pode assim, sem o menor risco, refletir e conter, assegurando para si mesma, da melhor forma possível, um objeto bom e estável. Mas, a partir desse momento, permanece em um estado desincorporado, despersonalizado. Ela é uma alma perdida.

O mau seio fálico é reconstelado nesta fase, surgindo no espaço criado entre a analista e a analisanda durante o processo de separação. Quando a analista não satisfaz a todas as suas necessidades, os afetos negativos da mulher se projetam para o campo da transferência; a analista se transforma no mau seio, lembrando-lhe a experiência da mãe negativa. Na medida em que ela se sente incapaz de se responsabilizar pela própria ambição, pelo seu ódio e inveja, a analisanda se sente dominada e teme ser devorada pela mãe negativa. Foi nesse estágio da análise que Ellen recordou-se de seu terror infantil de privadas, do medo de, ao puxar a descarga, ser sorvida pelas negras águas em remoinho.

Chegou, agora, o momento de a analista ajudar a analisanda a conter e processar sua dolorosa experiência. Ela se transforma na "mãe-privada", aceitando o lado negro da mulher-Cassandra, prestando ouvidos à sua negatividade – desde uma miríade de queixas em geral até um ódio transferencial direcionado – sem ser destrutiva e sem revidar. Este estágio pode ser horrivelmente penoso para ambas as partes, constelando solidão, terror, raiva, ódio, inveja, além das mútuas projeções, até a paranoia, que resulta de um alto grau de estímulo da imaginação.

O arquétipo dominante e subjacente à experiência da mãe negativa é Hécate – protetora da própria mãe de Cassandra, Hécuba –, que era considerada feiticeira.[6]

Hécate era, originalmente, a Grande Mãe pré-helênica, uma deusa por direito, reinando sobre os três reinos: a terra, o céu e o mar. Ela, porém, perdeu sua identidade com os aspectos virginais e maternos e, consequentemente, muito de seu poder na era patriarcal.[7]

Angelyn Spignesi faz notar que "a primitiva associação de Hécate com o poder cósmico e com uma alta função moral/espiritual abriu caminho, na religião grega, às primárias associações ctonianas".[8] Se bem tenha Hécate conservado o título de deusa da Lua e do parto, ela assumiu, para os patriarcas gregos, conotações diabólicas. Tornou-se conhecida como Filha da Noite, deusa da lua negra e da magia negra. Ela não era só Propiciadora de Visões, mas também de insanidade e de loucura. Adorada nas encruzilhadas, eram-lhe rendidos cultos para aplacar todo tipo

---

[6] Graves, *Greek Mythes*, vol. 2, pp. 341-343.

[7] Jung e Kerényi, *Science of Mythology*, p. 112.

[8] "Toward a Psychological Understanding of the Witch", p. 28.

de mal. Como Guia das Almas, fazia-se acompanhar de fantasmas e também de seus filhos, as Fúrias e Cérbero, o cão de três cabeças, guardião do mundo subterrâneo.

Hécate conservou o título de protetora da magia e da feitiçaria até mesmo na era cristã. Durante a Idade Média, a feiticeira passou a ser considerada inimiga da maternidade, não obstante o fato de que, em seu contrato com o diabo (Hades), pelo qual a ele "em corpo e em verdade" se associa, ela se transforma em Perséfone.[9]

O seio fálico em si não é outro senão a Teta da Bruxa. No *Malleus Maleficarum* existe a seguinte descrição da forma pela qual a bruxa obtém leite: A bruxa senta-se a um canto com uma vasilha entre as pernas. Crava uma faca na parede e faz gestos de ordenhar. Manda alguém de sua família ordenhar a vaca do vizinho. O leite então jorra como se fluísse da faca, uma forma impessoal do falo da feiticeira, substitui o seio: "A fonte nutriz da bruxa proveio da ação de uma arma poderosa e não de um seio suave, acolhedor."[10]

Não é de surpreender que a experiência da mulher-Cassandra quanto ao aspecto Hécate de sua própria mãe, ela mesma uma vítima do patriarcado, seja tão negativa. O seguinte

---

[9] Ibid., p. 4.

[10] Ibid., p. 14, citando Kramer e Sprenger, *The Malleus Maleficarum,* trad. Montague Summers (Nova York: Dover, 1971), p. 145.

sonho (de Sarah) é uma espantosa ilustração da epifania da negra deusa fálica na psique da moderna mulher-Cassandra.

> Estou aborrecida e agitada. Vou para um quarto que é o meu. Deito-me no chão. O assoalho, porém, de madeira velha e ordinária, é muito malfeito. Espio por entre as tábuas. Existe outro chão sob este, muito mais sólido e bem construído. Dá-se uma explosão nessa parte inferior e, através do velho assoalho, surge uma estátua. Parece uma estátua da Virgem Maria, só que vestida de preto. Seu nariz é longo, de madeira, e também preto. Sua roupa está rasgada no peito, de forma a mostrar o seio direito, que também é preto, e o seio esquerdo, aberto à faca. A ferida é da cor vermelho-sangue, e é brilhante, como uma luz que vem do interior. Sinto medo e respeito por essa estátua. Sei que ela, a qualquer momento, vai desaparecer e tenho medo de esquecê-la. Quero contar a Laurie sobre ela e corro a buscar um caderno para descrevê-la.

O estado de aflição e de agitação de Sarah é a histeria com a qual seu ego reage quando dominado pelo complexo mórbido. Durante este período, ela estava sentindo a ressurgência da sintomatologia histérica, em resposta a um influxo da angústia da separação.

Na segunda fase Deméter/Perséfone, Sarah desenvolveu um recipiente mais forte para o ego. Sendo assim, neste sonho, tem condições de ir para seu quarto, onde pode se sentir segura, ver o que realmente a sustém, a saber, a base de onde surgiu a Madona Negra. Esther Harding relata:

> Até os dias de hoje, existem na Europa certos santuários de Maria, Mãe de Deus, Lua da Igreja, nos quais a imagem de Maria é negra. Esses santuários, consagrados à Virgem Negra, todos esplendorosos e muito reverenciados, são visitados por peregrinos vindos de todas as partes.[11]

Com seus grandes poderes mágicos de cura, a Madona Negra está relacionada com Hécate, deusa da lua, especialmente quando em seu negro minguante.

Sarah nada sabia sobre a Madona Negra com quem sonhou. Seu inconsciente estava atingindo o extrato coletivo, visando reparar as feridas infligidas pelo patriarcado ao negro feminino. Um longo tempo deveria ainda transcorrer antes que Sarah tivesse condições de relatar esta epifania. A forma arquetípica pela qual Hécate se manifesta no sonho – bem provida, com nariz e seio fálico e exibindo as paixões que lhe ardiam no coração – revelam quão apartados estavam esses conteúdos da consciência do ego.

---

[11] *Woman's Mysteries*, p. 112. Consultar também Marion Woodman, *The Pregnant Virgin: A Process of Psychological Transformation*, pp. 121- 126.

Por outro lado, a deusa emergiu auspiciosa, como um objeto de adoração, provocando por parte do ego do sonho, como seria de esperar, uma reação de temor reverente, de medo, de interesse e de urgência em gravar o acontecimento (sinal forte de uma eventual integração).

Para tirar proveito do potencial positivo do aspecto Hécate, Sarah teria de analisar os afetos negativos constelados pelo processo de separação. Nessa ocasião, eu era obrigada a usar o meu poder fálico, não como arma, mas como fonte de fertilidade e de crescimento, para que seu relacionamento aflitivo com Hécate, o fulcro do complexo de Cassandra, pudesse cicatrizar.

Se bem tenha Hécate perdido *status* sob o patriarcado, foi ela, no entanto, a única das Titânidas agraciada com um lugar entre os deuses olímpicos. Zeus também permitiu-lhe manter seu antigo poder de atender a todos os desejos do coração dos mortais. E ninguém é mais sensível que ela aos apelos do coração – Hécate ouve o que ninguém pode ouvir. Foi por esta razão que ela ouviu os gritos de Perséfone ao ser arrastada para o mundo subterrâneo. Divisamos aqui a Hécate protetora dos analistas, dos sacerdotes, das freiras e de todos que servem de testemunha em algum momento da vida de alguém, em que se ergue o véu entre o mundo interior e o mundo exterior. Hécate, ao contrário de Apolo, pode se relacionar com as emoções mais desencontradas e sombrias. Tanto a profundeza como a intensidade lhe são familiares. Sozinha em sua caverna, ela conheceu os sofrimentos do abandono.

Foi, pois, Hécate quem socorreu Deméter, confortando-a, refletindo-a na sua amargura e ajudando-a a recuperar a filha. Deméter, em si mesma, era, por natureza, de índole suave, alma gentil que raramente tratava os outros com rudeza.[12] Era a mãe bondosa cujo desvelo e amor não conheciam barreiras e cuja única falta consistia, talvez, em ser superprotetora. A perda da filha estava além do que podia suportar... Foi Hécate, antes de Hélios, que ficou ao lado de Deméter, exigindo saber a verdade sobre o que acontecera a Perséfone. Desta forma, Hécate ajudou Deméter a se impor. De acordo com o hino homérico, Deméter pode, mais adiante, afirmar seu próprio poder, mediante a seguinte ameaça:

> Nunca mais pisar o fragrante Olimpo, ou permitir que a terra dê frutos, até voltar a ver sua linda filha com seus próprios olhos... mantendo as sementes enterradas no solo e também... fazendo com que se extinguissem as honras devidas aos deuses.[13]

Desse modo, Deméter pôs um paradeiro à sua prodigalidade para com os deuses e para com a raça humana, a fim de que

---

[12] Graves, *Greek Mythes*, vol. 1, p. 89.

[13] Wasson e outros, *Road to Eleusis*, p. 68.

eles também experimentassem os sofrimentos do abandono e pensassem duas vezes antes de contar com sua índole bondosa. Ela fixou seus limites, negociou suas lindes, criou as estações.

Hécate desempenhou neste processo um papel crucial. Como Fósforo, o Acendedor de Archotes, ajudou Deméter a enxergar a negra verdade sob a luz reflexa da Lua e, mais tarde, foi a companheira e serva constante da nova Perséfone, Rainha do Mundo Subterrâneo. Como deusa do parto, Hécate era a parteira dos Mistérios Eleusinos, ajudando Deméter a suportar as dores do nascimento e da separação e dando assistência ao renascimento da virgem. Como velha bruxa, Hécate aditou o terceiro aspecto, o elemento negro, à díade virgem-mãe, restabelecendo a integridade da deusa tríplice primordial.

Vemos, assim, o potencial positivo de Hécate, no modo como ela atua em Elêusis: servindo de testemunha nos momentos mais tenebrosos de Deméter/Perséfone, confortando-a na sua dor, ajudando-a a enxergar nas trevas e a fazer valer sua vontade. É esta negra experiência feminina que a analista ajuda a mediar durante o período em que a mulher sofre uma separação e um renascimento psicológicos. A analisanda, como Perséfone, experimenta a depressão e a deflação inerentes à perda da sua identificação com a Deméter-analista e ao fato de ainda não ter introjetado seu próprio poder.

Segue-se daí que, na transferência, no espaço criado pelo processo de separação, nasce a inveja. A analista parece ainda deter todo o poder e a analisanda se sente como uma mulher deslocada, como Hécate privada de seus privilégios, a terceira em um triângulo.

A esta altura do processo, o triângulo é de natureza pré--edipiana, compreendendo o ego e a representação bipartida do Self-objeto, o seio bom e o mau. A analisanda, no que concerne à analista, experimenta esta separação do Self-objeto tanto intrapsiquicamente como em projeção. Surge ansiedade em torno do lado negro, ainda não inteiramente integrado.

Tanto ontogenética como filogeneticamente, este aspecto negro foi difamado e rejeitado. Agora, na análise, ele ameaça o paraíso de conexão com o bom objeto. A mulher sente raiva e inveja, devido ao medo de que o relacionamento analítico, alcançado a duras penas, possa não ter capacidade para tolerar e incorporar o aspecto negro. Este aspecto negro é a terceira coisa (tertius) bissexual, nascido do processo de separação. Em outras palavras, é o ego feminino informado por Hécate e/ou Dioniso.

À perda deste estágio simbiótico associa-se, inegavelmente, dor, mas se os afetos dolorosos forem analisados e a posição depressiva for negociada, o lucro compensa a perda. A trindade do Self feminino pode ser reconstituída. A analisanda precisa arriscar-se a enfrentar seu lado negro e a reivindicá-lo, a fim de descobrir que seu recipiente analítico pode contê-lo, que existe um espaço para a sua identidade independente e que ela pode ter poder, por um direito que lhe cabe, como mulher e como pessoa igual à analista.

O seguinte sonho, em duas partes, ilustra tanto o potencial positivo como os tropeços característicos da fase Hécate da terapia.

Eu estava no banheiro e, quando tentei abrir a porta, ela estava completamente enguiçada – não abria. Lutei desesperadamente tentando abri-la. Tentei bater nas paredes, mas meus vizinhos não tinham condições de me ouvir. Pensei que ia ficar trancada no banheiro até o fim de meus dias. Estava apavorada. Quando compreendi que meu pânico não estava me ajudando, sentei na tampa da privada, e concluí que, do jeito com que eu estava puxando a porta, eu jamais a abriria; a única saída era confiar em meu eu interior e não ter medo. Eu ainda me sentia cética, mas procurei relaxar e deixar que meu eu interior tomasse conta de mim, aceitando o que desse e viesse – porque eu ainda acreditava que permaneceria trancada no banheiro pelo resto da minha vida. Encaminhei-me para a porta e me preparei para puxá-la com força. Coloquei as duas mãos na maçaneta, pronta para a luta, mas a porta se abriu sem esforço...

Um homem estava batendo no portão de uma ponte levadiça. Uma voz aconselhou-o a tocar o sino. Ele tocou o sino, o portão se abriu e ele entrou numa fervilhante cidade medieval. Desceu uma rua movimentada e parou diante de uma oficina de sapateiro. Entrou numa saleta, onde havia uma mulher de cabelos negros e de pele cor de oliva, capuz marrom na cabeça, sozinha, sentada num banquinho de três pernas. O homem dirigiu-se a ela. Ela lhe disse que remendava almas. Estava remendando uma alma que se partira ao meio. Parecia que estava emendando as partes de um coração.

A primeira parte do sonho reflete um padrão esquizo-histérico, característico da fase inicial da análise, pelo qual esta paciente, Anne, se defende contra o complexo mórbido: ela se retira para um lugar apartado da sua psique, onde pode sentir suas reais emoções. Anne descreveu o banheiro como "o lugar mais reservado e o único quente da casa". Lá ia chorar. O sonho, porém, mostra que o que parecia ser um lugar seguro para seus afetos negativos transforma-se numa cela, na qual ela se sente aprisionada.

Anne lembrou-se de que, na noite anterior, havia fechado a porta do banheiro para impedir que Kitty, o gatinho que uma amiga deixara a seus cuidados, entrasse. Assim ela fechou a porta à negra sombra feminina. Anne não gostava de gatos. Sua mãe sempre lhe dissera que as mulheres são muito semelhantes aos gatos e que, portanto, não merecem confiança. "Você nunca sabe se eles vão lhe dar uma mordida ou simplesmente se levantar para sair, dizendo 'por hoje basta'!" Mas quando ela fechou a porta para se defender da sombra felina, acabou numa prisão que ela mesma construiu. Separou-se de sua mais íntima natureza hecatiana, que poderia ajudá-la a negociar suas dolorosas emoções. Seu ego não tem outra opção senão a histeria.

No entanto, à medida que o sonho progride, ela consegue se sentar no assento da privada e acalmar-se, confiando no seu eu interior. A habilidade para dominar seus afetos negativos neutraliza a histeria e lhe permite escapar da prisão esquizoide. Então consegue abrir a porta, livre do "complexo do banheiro" como defesa.

A segunda parte do sonho ilustra, em nível arquetípico, o potencial construtivo a que essa realização pessoal pode conduzir. Completando o ciclo, este sonho oferece interessantes contrapontos, e mesmo algumas soluções para as imagens de um dos primeiros sonhos de Ellen (p. 131).

No sonho de Ellen, o pai toca o sino, chamando a família para a adoração de Deus Pai. No sonho de Anne, o homem também toca o sino, mas com atitude e finalidade muito diferentes. Ele está procurando entrar, não pedindo para ser procurado como a autoridade central da psique feminina. O jovem entra numa cidade cheia de vida, e não na cidade decadente, deprimente, arrasada, do sonho de Ellen.

Em ambos os casos, o animus nos leva à imagem de Hécate que, no sonho de Ellen, apresenta-se em estado de fragmentação, ao passo que, no de Anne, está não só inteira e intacta, como também sob forma humana, mais que felina, e mais próxima portanto à integração do ego. A mulher, na segunda parte do sonho de Anne, em vez de ser fonte de esmagadora ansiedade e de histeria, retém sua negritude, mas funciona criativamente – remendando almas, o que se coaduna com os apostos de Hécate como Guia das Almas e Realizadora dos Desejos do Coração. Como remendeira psíquica, ela emenda a sombra felina, fragmentada, estruturando o ego ao fornecer-lhe uma base no Self feminino. Ela é, ao mesmo tempo, a imagem da sombra felina e o aspecto negro do feminino, remendando a ruptura, reconstituindo o que se partira.

Na primeira parte do sonho de Anne, o ego senta-se na privada, controla-se e busca apoio no seu interior. Na segunda parte, a privada se transforma num banquinho de três pernas, que enfatiza o aspecto mântico da mulher de cabelos negros e de pele azeitonada, pois o banquinho de três pernas é uma representação da trípode. Por isso, essa figura feminina nos leva diretamente à Pítia délfica e à própria Cassandra.

Vemos assim que Hécate é o âmago do problema da mulher-Cassandra e a imagem arquetípica que jaz por detrás da medialidade.

O nome dado à religião da antiga deusa da Europa Setentrional era Wicca ou Wekken, com o sentido de profetizar; as bruxas eram conhecidas como pessoas dotadas de uma segunda visão.[14] A palavra *wych,* em anglo-saxão, significa influenciável.[15] É este aspecto medial da bruxa que os autores do *Malleus* descrevem quando arrolam as qualidades da mulher que tem parte com o diabo: elas são "mais impressionáveis e mais prontas a sofrer a influência de um espírito desencarnado". São fluidas – não fechadas em si, nem contidas. "Têm língua solta e são incapazes de ocultar de suas iguais o que sabem por arte diabólica." A bruxa é uma serpente que coleia no mundo subterrâneo, que, em sua escuridão, mama no diabo e depois se imiscui entre os seres humanos. É "mais cruel que a morte", porque ela é o meio através do qual o diabo consegue chegar à Terra para contaminar os homens. As emoções de uma mulher – suas "paixões e afetos desordenados" – podem ser comparadas às "marés crescentes e fervilhantes" do mar, razão pela qual todos os reinos ruíram por obra de uma mulher.[16]

Os inquisidores medievais acreditavam que as feiticeiras se dedicavam a atos antinaturais: nada poderia estar mais distante da verdade. A palavra inglesa *witch,* e sua equivalente alemã *hexe,* significa mulher sábia, sendo sua sabedoria ou seus conhecimentos voltados, *sobretudo,* para a natureza.

---

[14] Spignesi, "Witch," pp. 16-17.

[15] Ruth Ross, *Irish Trees* (Dublin: Eason & Son, 1980), p. 10.

[16] Spignesi, "Witch", pp. 5-7, citando Kramer e Sprenger, *Malleus Maleficarun,* pp. 43- 44.

De acordo com Spignesi, "as bruxas estavam conscientemente treinando suas almas para entrar em íntima relação com os ritmos crescentes e decrescentes, construtivos e destrutivos da natureza". Sua arte envolvia um profundo conhecimento da natureza, "do fluxo e refluxo das forças instintivas numinosas na maré, na colheita, nos rebanhos".[17] E elas usavam esse saber para curar e para garantir a fertilidade.

A bruxa, num sentido transpessoal, porém, tinha muito de mãe, "não por gerar e cuidar pessoalmente dos filhos, mas pelo seu desvelo pela Terra".[18] A bruxa adora a Mãe Natureza em seu duplo aspecto: como propiciadora de vida e como dispensadora da morte. E ela está presente em todos os níveis em que a natureza se manifesta – nos níveis físico, emocional e espiritual. O sangue-frio, as características viperinas que apresenta, devem-se a seu interesse por essas forças coletivas transpessoais. Através da prática da magia, ela aprende a usar esse poder natural e a direcioná-lo conscientemente, de forma a atingir seus objetivos e a penetrar além do véu da realidade exotérica, e ver através das negras sombras que se estendem mais à frente.

A esta altura do processo da mulher-Cassandra, a feiticeira pode constelar positivamente dentro do recipiente analítico. A mulher-Cassandra não está mais, como na fase Deméter,

---

[17] Ibid., pp. 16-17.
[18] Ibid., p. 31.

identificada com o campo de projeção que agora se transformou numa terceira coisa: a analista e a analisanda. É bem excitante e muito gratificante ver que, depois de sublimadas a raiva e a inveja, analisanda e analista, numa nova e estranha aliança terapêutica, se tornam duas bruxas, mexendo e remexendo o caldeirão. É dentro desse caldeirão que todas as imagens e sentimentos sofrerão transformações e permutações. As duas mexem e tagarelam, observam e esperam. Elas veem juntas, e aprendem e ensinam uma à outra a arte "mágica".

É nesta fase que a mulher-Cassandra efetivamente sente o gosto do seu próprio potencial criativo e aprende que não tem apenas a obrigação de satisfazer as expectativas de terceiros, como Deméter, que supria o mundo com sua prodigalidade. Aprendeu a conhecer o seu valor, o seu poder e como usar esse poder para atingir os objetivos almejados. Mas, para que possa traçar seu próprio futuro, precisa estar em condições de encarar o presente, mesmo na sua mais negra realidade; precisa acreditar no que vê e ter a coragem de suas convicções; precisa, conscientemente, determinar como quer que as coisas sejam e usar de energia para atingir suas metas. É esta a essência da magia.

No entanto, esta fase pode ser perigosa. Lembro-me de um instante, na primeira sessão de Sarah, em que seus olhos, normalmente azuis, adquiriram um brilho nitidamente esverdeado. Pensei: "Esta mulher é uma bruxa!" O fenômeno só voltou a se repetir anos mais tarde, durante a fase Hécate. E foi importante para o processo que eu pudesse testemunhar sua inveja e seu ódio, sua capacidade para o mal e para a destruição, sua avidez de poder e seu desejo de ser rainha. Do fato de tê-la visto dessa forma resultaram diversas consequências: seu lado negro foi refletido, ajudando-a, assim, a reivindicar seu poder; eu me tornei o modelo padrão para ela acreditar no que via; e pude proteger a mim mesma contra ela e contra suas energias negativas desenfreadas.

Nesta fase, uma mulher pode cair num estado de identificação com Hécate, como o lado negro do Self feminino. O sonho de Jane ilustra esta inflação:

Estou numa casa no campo. Vou procurar meu marido. Não consigo encontrá-lo. Olho pela janela da cozinha. Vejo que em breve irá amanhecer. Do lado de fora da cozinha existe uma área coberta. Vejo meu marido lá, deitado num colchão com sua filha [adulta, de um casamento anterior]. Fico possessa. Pego a tesoura. Abro-a e me preparo para feri-lo no coração.

O local do sonho, uma casa no campo, representa um ego que encontrou um lugar no cenário natural da mãe-mundo instintiva. Jane descreveu a área como "rural, silvestre – uma área situada entre a cidade e o campo": uma região fronteiriça. A casa não lhe pertence; alugou-a, o que significa que ela teve acesso a esse material através do recipiente analítico e ainda tem de torná-lo seu.

De fato, três anos após seu sonho com o homem negro (pág. 158), Jane encontrou seu lado negro. A filha, neste sonho, representa a relação incestuosa de Jane com o animus patriarcal da velha ordem psicológica, ainda presente nas sombras.

Uma das verdades dolorosas que a mulher-Cassandra vê neste estágio é a de como foi traída pelo patriarcado. Há muito tempo, ela renunciara à sua intrínseca identidade feminina e a seu poder, em troca de um lugar no coração do pai que, na realidade, pouco se interessava por ela, isto é, apenas na medida em que ela pudesse ajudá-lo a sentir-se bem consigo mesmo. Lembremos a observação de Cassandra na obra de Christa Wolf: "Ele tinha um ideal a meu respeito, que deveria ser mantido".[19]

Agora a analisanda está pronta para enfrentar a dissolução da ilusão edipiana de ser a filhinha do papai, os estertores finais do conluio pai-filha e o narcisismo inútil do seu animus apolíneo. Não quer mais um homem ou um animus que a proteja, que exija respeito e que não admita qualquer desafio à sua autoridade. Quer um esposo que seja seu companheiro mesmo nos momentos mais sombrios. Durante o processo de análise, baseada no ego, ela construiu uma sólida ponte para o Self feminino e para o animus ctônico de Dioniso, que podem ajudá-la a superar a

---

[19] Ver acima, p. 32.

asfixiante ordem patriarcal. Sendo assim, já que experimentou a deflação da separação e que tem meios de manter-se sobre os dois pés, ela pode dar-se ao luxo de sentir sua raiva.

Mesmo que a mulher possa ter a coragem de sustentar suas convicções, ainda é possível que ressurja, fortemente, a angústia da separação – um sentimento de culpa, de medo e inferioridade – pelo fato de ter rompido a fusão conivente com o pai. Ela experimenta uma sensação de autorrepulsa que é o resultado da internalização da visão patriarcal da mulher, senhora de seu negro poder. Este é o ponto de vista exagerado por Apolo nas *Eumênides,* quando ele descreve as Fúrias da seguinte maneira:

> As virgens sem amor,
> tão grisalhas, tão velhas, as quais deus,
> ou homem, ou fera indômita
> das selvas jamais beijou. Nasceram para o mal
> e para a dor; pois na negra noite vivem
> e nutrem-se da grande escuridão que é o Inferno,
> odiadas em pensamento pelos Deuses e pelos homens.[20]

Quando a mulher renuncia a ser filha do pai, ela enfrenta solidão, desamor, como as filhas de Hécate, as Fúrias, que foram abandonadas, rejeitadas e amaldiçoadas por milhares de

---

[20] Ésquilo, *As Eumênides*, linhas 68-74.

anos. Mas ela, sobretudo, sente a raiva das Fúrias contra o patriarcado e invoca o poder da deusa negra: "Ouve a minha ira, ó Mãe, Noite, muito minha!"[21]

Este é o poder, tal como revelado no sonho de Jane, que energiza a terceira parte, a outra mulher, num triângulo amoroso. Pois, nem bem os perigos do triângulo pré-edipiano são negociados, surge o triângulo edipiano, mostrando sua carantonha. A essa altura, a mulher não hesitará em usar seu poder de vingança ou de justiça e em atingir seus objetivos. Ocorre então uma identificação com a própria mãe negativa, Clitemnestra, que não somente passa para o ato sua inveja de Cassandra como também se vinga de Agamenon por ter sacrificado a filha, Ifigênia, e, finalmente, restabelece a supremacia matriarcal, através da reimplantação do antigo ritual da fertilidade – a morte do rei anual.[22]

Clinicamente, o triângulo edipiano pode manifestar-se de diversas formas. É possível que a analisanda atravesse uma séria fase de ódio aos homens, agredindo em especial os que representam a estrutura patriarcal; é possível que exista, na transferência, uma preocupação cheia de inveja e de desconfiança quanto à vida particular da analista, quanto a seu esposo ou quanto a outras analisandas; ou que ela se torne furiosa se a analista emitir uma

---

[21] Ibid., linha 843.

[22] Graves, *Greek Mythes*, vol. 2, p. 56.

opinião que lhe pareça inspirada numa visão apolínea, distante e não condizente em termos emocionais.

No sonho de Jane, a mulher procura vingar-se do esposo/animus, assassinando-o por preferir a companhia da filha. Sua arma é um simples apetrecho de costura, que é também o atributo da terceira das Parcas, a que tem o poder de cortar o cordão, o fio da vida, da fusão patriarcal. Ela abre a tesoura como abre as pernas, para enxergar a verdade com seu terceiro olho, o olho negro vaginal da deusa. Ela visa, assim, matar o patriarcado. Consolida-se sua identificação com o poder matriarcal. A deusa reina, suprema.

Esta é uma imagem assustadora e sanguinária, mas, por uma ironia, é a que traz em seu bojo a promessa de um eventual despontar para a mulher da consciência solar. Devido à sua recusa definitiva em manter a ligação ilícita pai-filha, nasce o potencial para a transformação do Apolo narcisista e, consequentemente, para uma genuína união de opostos.

Hécate
(joia gravada, Roma)

Ártemis
(de Walter F. Otto, *The Homeric Gods,* p. 73)

CAPÍTULO 6

Ártemis

Quem teme a inveja, tem medo de ser grande.
Clitemnestra, no *Agamemnon* de Ésquilo

As violentas imagens da fase Hécate podem ser aterrorizantes para nós, com nossa sensibilidade e tabus patriarcais. Às vezes, é difícil acreditar que haja compensação na dor e no terror de uma situação psíquica que representa, frequentemente, um inferno pior que o que levou a pessoa à terapia.

Do que, realmente, temos medo? Da possibilidade de jamais regressarmos do mundo das sombras? De não termos forças para sobreviver às nossas paixões e instintos mais profundos?

Acaso a lua não se curva ao atingir o ápice da sua escuridão, engolindo-se a si própria? Sim, podem ocorrer desastres. Porém, de um modo geral, a natureza segue seu curso. A lua volta a nascer. No nosso mundo moderno, no qual a Mãe Natureza não é respeitada e de cujo ritmo estamos afastados, não podemos confiar no seu fluxo e refluxo. É possível que tenhamos medo de nos afogar em nossas próprias marés emocionais.

Por receio do poder destruidor do quarto minguante, o patriarcado baniu a deusa negra para sua caverna subterrânea. Mas essa repressão só serviu para isolar o aspecto-Hécate da luz da consciência do ego e criou, sob a forma de uma profecia que se cumpre por si mesma, um vórtice de negativismo. Assim Hécate torna-se má e incapaz de pôr em atividade, desde então, suas faculdades criadoras positivas,

Na antiga Elêusis, Hécate iluminou, de tocha na mão, o caminho de Perséfone, em sua volta à superfície para reencontrar Deméter, reconstituindo, dessa forma, a unidade trina da deusa. Mas, como um resultado da fragmentação patriarcal, a deusa perdeu sua integridade. Ártemis Magna Mater ocultou seu aspecto orgíaco para se transformar na menina mimada, turbulenta e masculinizada da Grécia Helênica. Ela era a pequenina que sentava no colo do papai Zeus. Quando este lhe perguntou quais presentes lhe agradariam, ela respondeu: "A eterna virgindade, tantos títulos como meu irmão, Apolo, um arco e flecha como o dele."[1]

É possível até que Hécate odiasse essa Ártemis Olímpica, com aspirações a homem e renunciando à sua virgindade primordial em troca da prístina versão patriarcal. Numa cultura que desvaloriza o poder negro e a sabedoria negra, a velha bruxa odeia a donzela, em vez de ajudá-la; a lua em minguante odeia a lua crescente; a mão esquerda da deusa combate a mão direita. A natureza não merece confiança.

Podemos ver agora como essa fragmentação patriarcal da deusa cria desavenças dentro da psique feminina coletiva. Dividir para vencer. A jovem e pura virgem, assim como a *mater dolorosa*, muito sofrida, toda sacrifícios, são colocadas num pedestal; a mulher sexualmente ativa e a bruxa são desprezadas. No Velho Testamento lê-se: "Onde encontrar uma mulher virtuosa?" A própria raiz do adjetivo "virtuosa" implica que a mulher só tem valor se ligada a um homem (*vir*). A mulher que gera seu próprio valor, como sedutora ou como bruxa, é má.

Tendo por legado essa ruptura, a mulher moderna que se sente chamada para servir como mediatriz de Hécate, tem um trabalho insano. Ela pode experimentar tanto a virgindade como a maternidade (se alguma vez chegar a ser mãe) de forma igualmente incompleta e confusa. Sua medialidade representa

---

[1] Graves, *Greek Mythes*, vol. 1, p. 83.

mais um débito que um crédito. Ela se serve da capacidade de se metamorfosear simplesmente para se conformar às expectativas de terceiros. Por não possuir um forte ego feminino, com o qual possa lidar com o aspecto-Hécate, seu carisma é uma fonte mais de caos do que de poder criativo, e seu olho negro visionário fomenta o inconsciente em lugar de fomentar a consciência. Mas se ela puder analisar as introjeções patriarcais de preconceito e de desprezo de si mesma contra a velha bruxa, tem boa chance de chegar a um relacionamento positivo com o aspecto-Hécate na segunda metade, ou, de forma mais apropriada à mulher, no outono da vida. Esta é uma perspectiva alvissareira para a mulher que recorre à análise depois dos cinquenta anos.

Sabemos que Hécate constela nas encruzilhadas, lugar onde, tradicionalmente, erguiam-se os seus templos. Isto reflete a possibilidade de uma mulher experimentar o negro feminino sempre que ela se encontrar numa ligação psicológica, quando tiver uma escolha a fazer. A mulher-Cassandra, na fase Ártemis, encontra-se nessa encruzilhada. Anteriormente, ela mergulhava em seus abismos profundos, mas, para fazer uso do poder que lá encontrou, precisa estar em condições de incorporar sua experiência à consciência do ego. Este é um período crucial. Qualquer caminho que escolha tem seus próprios perigos, alguns dos quais levam diretamente ao desastre. Cabem-lhe, basicamente, três escolhas:

Ela pode escolher o caminho da magia negra, à esquerda, que é o caminho do abuso do poder com vistas a um ganho pessoal e o resultado da inflação e da identificação com o lado negro do Self. Uma mulher nessas condições pode vir a ser torturada por pesadelos ou por fobias de estar sendo queimada viva, estrangulada ou afogada, as três formas mais comuns de execução das bruxas na Idade Média.[2] Este estado de identificação com Hécate suscita as memórias do inconsciente coletivo, talvez numa tentativa interior de compensar a inflação psíquica. Se a mulher-Cassandra não tiver capacidade para processar esses fenômenos compensatórios e se responsabilizar pelo uso abusivo que fizer de seu poder, ela poderá ser engolida pelo vórtice negativo, destruindo a si própria e aos outros.

Diante desse medo terrível, a mulher pode optar por uma segunda alternativa que consistiria em escolher o caminho de volta.[3] Pode parecer-lhe muito assustador e opressivo possuir esse poder. Mas uma regressão como essa somente perpetuaria o estado neurótico, reconstituiria o complexo mórbido e intensificaria o perigo de ela ser absorvida pelas marés emocionais já ativadas.

---

[2] A execução das feiticeiras por estrangulamento pode ter relação com o fenômeno do *globus hystericus*.

[3] Jung chama a isso de restauração regressiva da persona. Ver *Two Essays in Analytical Psychology*, CW 7, parágs. 254 e ss.

A única escolha consciente e viável seria a de seguir pelo caminho da direita, no sentido de continuar a reivindicar seu poder feminino, mas aprendendo a trabalhar com ele de modo disciplinado, responsável e moral. Este é o caminho da magia branca, do uso do poder para um bem maior e não para lucro pessoal. Um caminho bem distante de inflacionário e que, na verdade, requer a diferenciação consciente entre ego e Self.

Já tratei da magia antes, ao descrever a fase Hécate. Aqui, vamos analisar mais de perto essa palavra. O conceito de magia é um conceito muito mal-entendido. Todos nós a praticamos, todos os dias de nossas vidas, sempre que procuramos transformar uma ideia em realidade. E, no entanto, a palavra magia ainda carrega em seu bojo um estigma, assim como conotações sobrenaturais. Pelo fato de não poder ser explicada racionalmente, em termos de causa e efeito, a magia continua sendo um mistério e constitui uma ameaça à nossa mente apolínea, imbuída da necessidade de compreender e de, pela compreensão, dominar este nosso mundo. Este preconceito xenofóbico produz medo e desconfiança coletivos, que constituem obstáculos à capacidade de diferenciar entre a magia branca e a magia negra. Então, ou reduzimos a mágica a uma brincadeira de crianças ou a combatemos como um mal.

Em *The Spiral Dance*, a magia é definida como "a arte de sentir e moldar as forças sutis invisíveis que fluem através do mundo, de despertar níveis mais profundos de consciência que superam a compreensão racional".[4] Sua prática é consciente e baseada no ego, envolvendo muito estudo e muita dedicação:

> Fazer mágica é dar forma a forças invisíveis... O poder da magia não deveria ser subestimado. Ele age, frequentemente, de modo inesperado e difícil de controlar. O poder da magia não deveria, também, ser superestimado. Ele não age simplesmente ou facilmente; não confere onipotência. "A arte de mudar à vontade a consciência" é uma arte exigente, que requer um longo e disciplinado aprendizado.[5]

A mulher-Cassandra pode se sentir, instintivamente, atraída para as práticas esotéricas que oferecem a vantagem de já possuírem um corpo estruturado de sabedoria, alicerçada em antiga tradição e num severo código moral. Tanto através da Wicca, da Cabala, do Yoga ou da psicologia analítica, ela pode apreender técnicas de ritual e de meditação, como utilizar a

---

[4] Starhawk, *The Spiral Dancei: A Rebirth of the Ancient Religion of the Great Goddess*, p. 13. Esta definição de magia precisa ser claramente diferenciada da acepção psicológica, que diz respeito ao nível mágico de pré-separação da psique. A prática da magia brota e é orientada pelos mesmos princípios, tais como identificação e *pars pro tato*. Mas ambas são diferentes, assim como a fusão difere da empatia.

[5] Ibid., p. 109.

energia elemental e a guiar sua vontade para atrair a imagem do plano astral e materializá-la.[6] Segundo Starhawk,

O conceito de "vontade" guarda muita nostalgia com o que os mestres vitorianos chamavam de "caráter": honestidade, autodisciplina, cometimento e convicção. Os praticantes da magia precisam ser escrupulosamente corretos em sua vida particular. Em suma, a magia atua dentro do princípio de que "É assim porque eu afirmo que é assim..." Para que minha palavra tenha essa força, é preciso que eu esteja profunda e completamente convencido de que ela está identificada com a verdade, tal como a vejo. Se tenho por hábito mentir a meu amante, roubar meu chefe, furtar no supermercado ou simplesmente faltar à minha palavra, não posso ter essa convicção.

A menos que eu tenha bastante força pessoal para honrar os compromissos de minha vida diária, não estarei em condições de manipular os poderes mágicos. Para fazer mágica preciso acreditar, fundamentalmente, na minha capacidade para fazer coisas e para fazer com que elas aconteçam. Esta crença é gerada e mantida por minhas ações diárias... Claro, a vida é cheia de erros e de imprevistos. Mas, para uma pessoa que pratica a honestidade e cumpre seus compromissos, a frase "Como desejo,

---

[6]   Ela pode aprender essas lições também por meio da disciplina ligada a alguma forma de arte criativa.

assim seja" não é apenas uma frase bonita, mas a afirmação de uma verdade.[7]

Assim, a magia pode ser encarada como uma forma evoluída do poder do pensamento positivo. A tradição oculta pode fornecer um guia para a prática da magia pela mulher-Cassandra, ensinando discriminação, a diferença entre o Self e o ego, e que precisamos sofrer as consequências de nossos atos. "O que você atira, retorna com vigor triplicado."[8]

Embora na Idade Média Hécate fosse considerada a protetora da magia e da feitiçaria, na Grécia antiga era sua irmã-Lua e alter-ego, Ártemis, que era conhecida por treinar um séquito de mulheres com severa disciplina. A moderna Cassandra faz bem em aprender as lições de Ártemis, pois essa deusa pode oferecer dados de grande valia para a mulher medial.

Ártemis é o modelo padrão arquetípico desta fase, porque a complexidade de sua natureza de múltiplos níveis oferece um grande potencial para a diferenciação psicológica. Ártemis não só foi uma guardiã feroz dos mistérios femininos, como foi também capaz de se adaptar à mudança dos deuses. Na era matriarcal, era venerada como a Grande Mãe, aparentada com a Senhora Cretense das Coisas Selvagens. A Ártemis Olímpica

---

[7] Starhawk, *Spiral Dance*, p. 111.

[8] Ibid., p. 12.

manteve sua identidade de deusa da lua tríplice, incorporando Hécate e Selene. Continuou a ser adorada em seu aspecto de ninfa, como a "Afrodite orgíaca com um consorte masculino" somente em regiões mais longínquas como Éfeso.[9] Assim, Ártemis proporciona uma imagem completa do Self feminino, tanto o aspecto negro oculto como o aspecto mais popular de Virgem das Aljavas de Prata, a irmã gêmea, amante de Apolo.

Poder-se-ia dizer que Ártemis se adaptou aos tempos patriarcais por ter se identificado com o agressor. Aprendeu a lutar e a caçar até melhor do que um homem. Aperfeiçoou-se no manejo do arco e da flecha que usava tanto ofensivamente, para ferir sua presa, como defensivamente, para a guarda feroz de seus domínios.

Porém, tratando-se de Ártemis, as aparências podem ser enganadoras. Á primeira vista, ela era uma fiel companheira de armas dos homens, inspirando, com sua independência e integridade, com sua firmeza em defender seus pontos de vista e sobretudo sua virgindade até a morte, confiança nos representantes do sexo oposto mais refratários às mulheres. Entretanto, em sua gruta secreta, ela continuava a celebrar os antigos ritos matriarcais. Esta era a deusa que exigia sacrifícios de sangue, mesmo humano, e que não hesitaria em punir os que a descurassem. Era a Ártemis a quem os helenos continuavam a

---

[9] Graves, *GreekMythes*, vol. 1, p. 85.

O Complexo de Cassandra

homenagear nas bodas devido à sua antiga hostilidade ao casamento monogâmico patriarcal. E foi ela quem transformou o infeliz Action, por ele a ter espiado em sua nudez, num cervo que foi despedaçado pelos seus próprios cães.[10]

De todos os seus múltiplos atributos, é possível que a habilidade de Ártemis para se proteger seja a mais valiosa lição que a mulher-Cassandra deva aprender, pois a deusa era capaz de traduzir sua virgindade, não só em autodomínio, como também em capacidade de se velar. Ártemis pode ser considerada a mais velada de todas as deusas do Panteão Grego. O que, aparentemente, parecia ser sua extrema impenetrabilidade e imobilidade, pode, na verdade, ter sido a forma mais irônica da arte mágica, como um feitiço, criando a ilusão de frieza e distância. Na intimidade de seu espaço sagrado, suas paixões femininas corriam profundas. Talvez soubesse como era perigoso ser vista, como era importante ocultar seu poder e não se exibir perante um patriarcado ainda imaturo.

Aprender a lição de Ártemis propicia à mulher-Cassandra uma persona com a qual velar-se e, assim, proteger-se dos ataques patriarcais. Ela também adquire uma forte fronteira para o ego que a capacitará a diferenciar entre o que realmente é sua própria experiência pessoal e o que é coletivo. Estará apta, então, a fechar seu instrumento medial, abrindo quando o desejar.

---

[10] Ibid., pp. 84-85, 225, 268.

Essa integridade do ego não só a ajuda a não ser vitimada pelo constante influxo, interno e externo, de material inconsciente, como cria um recipiente feminino no qual a tão almejada *coniunctio* pode finalmente se realizar. É preciso saber dizer não, antes de, com toda a segurança, poder dizer sim. E quem sabe melhor que Ártemis – a grande negadora – dizer não?

Um sonho de Sarah ilustra a necessidade que sente a mulher-Cassandra de, conscientemente, integrar as lições de Ártemis:

Estou morando na universidade e estudando piano para me preparar para um recital. Tenho a possibilidade de me sair muito bem, com a condição de que eu dedique toda a minha atenção ao estudo. Ouço todo o concerto em potencial, dentro de mim. É a sonata de Haydn, que eu adoro. Cassie também está morando lá. Há uma sensação de constante interrupção. Muito a fazer. Tenho que ir à aula de natação e coisas a tratar com Cassie.

No sonho, Sarah está de volta à universidade, lugar "onde morava a turma mais tranquila do segundo grau". Sarah, porém, sempre se sentiu pouco à vontade, como se fosse uma intrusa. Talvez agora, com a ajuda de Ártemis, protetora do grupo de latência feminina, Sarah tenha outra oportunidade para analisar essa fase evolutiva, durante a qual a identidade feminina do ego se consolida, e para aprender a manejar as armas necessárias para vencer no mundo patriarcal.

O recital representa a obra a se realizar, a qual requer fluência tanto no aspecto masculino como no feminino. Vislumbram-se os albores de uma imagem de *coniunctio*. A sonata de Haydn representa a perfeita forma apolínea que, segundo Sarah, é preciso executar "com domínio mas também com sentimento".

O piano representa o "instrumento" medial que Sarah está aprendendo a tocar. Ela havia visto uma criança-prodígio declarar, na televisão, que "posso dizer com meu violino coisas que, de outro modo, eu seria incapaz de exprimir". Sarah imaginou-se a mãe dessa criança, desenvolvendo-lhe o dom e protegendo-lhe a infância. Foi a atitude que ela precisou adotar para com sua própria criança interior.

Nessa ocasião, reassumiu as aulas de teatro que havia abandonado há cinco anos, antes de começar a análise. Associou a representação teatral com a imagem onírica de tocar piano que, em suas palavras, "faz o público sentir a magia do espaço teatral: tudo o que você precisa fazer é criar uma moldura para a audiência. Parece coisa de feitiçaria".

No sonho, Sarah ouve o concerto em potencial dentro da sua cabeça. Este é o primeiro degrau do processo mágico – ter uma imagem clara. Mas, para que o empreendimento não passe de uma fantasia narcisista, a transformação desse potencial em realidade palpável exige muita disciplina e dedicação. Foi sua incapacidade para enfrentar as dificuldades dos estudos, especialmente a humilhação de encarar seus próprios erros e mediocridade, que fez com que Sarah desistisse do teatro. Na ocasião, ela não tinha um ego suficientemente forte para suportar a prova. Agora, ao voltar, está em condições de usar o teatro como uma arena onde exercitar seu talento, aprender disciplina e, ao mesmo tempo, relacionar-se com seu grupo.

O sonho mostra-lhe o que ela precisa fazer se deseja atingir seu objetivo. Precisa treinar e estudar muito, concentrando-se no trabalho a realizar. Precisa organizar sua vida, estabelecer prioridades. Precisa também ir à aula de natação, o que equivale a dizer que seu ego incorporado tem que dominar melhor a água, o elemento medial. Esta ideia coaduna-se com o fato de que parte da experiência educacional de Sarah envolve compromissos com Cassie, uma amiga sua na vida real. Não somente o nome como sua personalidade lembra muito Cassandra. Assim, Sarah tem de continuar a trabalhar com sua sombra cassandriana. Por exemplo, precisa aprender a dizer não a obrigações sociais indesejáveis, a lutar pelo que é seu, e não apenas ser e fazer o que terceiros esperam dela. (Num sonho posterior, veremos com mais detalhes o que Sarah tem de fazer com Cassie.)

Ártemis também constela, é claro, no relacionamento analítico, a este ponto muito semelhante à fase-Atena inicial do processo, por existir uma menor identificação projetiva, uma distância maior entre analista e analisanda. Estamos, de novo, diante de um método de ensino/aprendizagem – mais comunicação do que comunhão – um seminário, mais do que uma preleção.

Nesta fase, a analista assume o papel de Ártemis. O conteúdo das sessões refere-se não tanto às atividades comuns da vida quotidiana; torna-se mais específico, mais pessoal e físico, frequentemente voltado a aspectos da realidade feminina – como o grupo de treinamento de afirmação e despertar da consciência feminina dos anos 70. Dedicávamos bastante tempo à discussão de problemas de trabalho e de disciplina, e ao aprendizado da arte do ataque e da defesa (tanto física como psicológica). O exercício físico, especialmente o esporte competitivo, é um modo excelente de exercitar essas habilidades.

É possível que nesta fase a analisanda atravesse momentos de extrema sensibilidade e beligerância, mesmo em relação à analista. Ela tem plena consciência de quando ocorre alguma violação de suas fronteiras. Por exemplo, um dia ela explodiu durante uma de suas sessões e me brindou com um "foda-se". Referindo-se à última sessão, na qual eu a alertara contra o uso de drogas, ela me disse para eu não me meter onde não era chamada, que eu estava parecendo sua mãe, julgando-a. "Parece pressão; eu quero cometer meus próprios erros." A análise era apenas uma das muitas oportunidades em que ela reivindicava ferozmente o limite de suas fronteiras, sem dúvida um passo muito importante para uma mulher cuja medialidade quase a destruíra.

O comportamento de Ellen, ao contrário, caracterizou-se pela falta de disciplina e de limitação. Alguns meses mais tarde, ela teve um sonho indicativo de progresso nessa área:

> Estou num acampamento de verão. Estou passeando numa colina e vejo três cães negros e bravios que tentam me atacar. Um homem, porém, impede que eles me mordam.

Este sonho desenrola-se num acampamento, local onde Ártemis treina seu séquito. Assim como Sarah, Ellen passou por uma experiência de latência negativa em relação às suas colegas. Ela odiava acampamentos: "Para mim, era uma prisão. Sentia-me completamente perdida, sem identidade." Mais uma vez, como Sarah, Ellen teve oportunidade de reparar essa experiência.

O problema agora, explícito no sonho, são os cães bravios, representando Hécate e/ou Ártemis, no seu aspecto selvagem. Os cães lá estão para guardar o acampamento, isto é, para defender as fronteiras do ego feminino contra uma violação. Mas essas forças também podem se voltar, destruidoras, contra o ego. O animus, descrito por Ellen como um "jovem louro, bonito, que fazia parte do acampamento", tem por função refrear esse aspecto selvagem.

O arquétipo dominante subjacente ao animus nesta fase é, claro, o próprio Apolo, irmão gêmeo de Ártemis, que aqui ainda se apresenta na sua forma homérica de transição – como o heroico matador da Pítia – no que se identifica com Hércules, Baluarte contra o Mal.[11] De fato, a imagem onírica transmite, especificamente, uma reminiscência do décimo segundo trabalho de Hércules quando, após ter sido iniciado nos Mistérios Menores em Elêusis, desceu ao mundo subterrâneo. Robert Graves descreve essa passagem:

Perséfone ... saiu de seu palácio e saudou Héracles como a um irmão ...

Quando Hércules perguntou por Cérbero, Hades, em pé ao lado da esposa, respondeu impiedoso: "Ele será seu se você conseguir dominá-lo sem usar a clava ou as flechas." Hércules encontrou o cão acorrentado às portas do Aqueron e, sem hesitar, agarrou-o pela goela – de onde nasceram três cabeças com cabelos de serpentes. O rabo farpado voou para golpear. Hércules, porém, protegido pela pele de leão, não afrouxou o aperto até que Cérbero sufocasse e se rendesse...

Hércules arrastou Cérbero, preso a correntes adamantinas, pelos caminhos subterrâneos até a superfície... Como Cérbero

---

[11] Harrison, *Themis*, p. 378.

resistisse, evitando fitar a luz do sol e uivando furiosamente com suas três bocarras, sua baba atingiu os verdes campos e gerou o venenoso acônito, também denominado *hecateis* (mata-lobo) porque Hécate foi a primeira a usá-lo.[12]

Assim, o poder que outrora pertencera aos domínios do *animus* dionisíaco passou para o controle do *animus* de Hércules, estando mais próximo da consciência do ego. Muitos dos feitos de Hércules destinavam-se a domar feras selvagens. Ele prova ser um *animus* heroico, saudável, porque muito ligado ao feminino. Ao morrer, Hércules foi adotado por Hera que, segundo Graves, "mais que a ele, só amava a Zeus":

Hércules tornou-se o porteiro do céu, não se cansando nunca de permanecer junto aos portões do Olimpo, até a noite, esperando que Ártemis voltasse da caça. Ele a saudava alegremente e retirava os animais caçados de sua carruagem, franzindo o sobrolho e abanando o dedo em sinal de desaprovação se só deparava com cabras e lebres inofensivas. Dizia: "Atire nos ursos bravos, que destroem as colheitas e danificam as árvores do pomar; atire em touros que investem contra os homens, e em lobos e leões! Que mal podem nos fazer cabras e lebres?"[13]

---

[12] Graves, *Greek Mythes*, vol. 2, p. 154.

[13] Ibid., p. 203.

Assim Hércules, em gentil camaradagem, exorta Ártemis a discriminar e impor limites à sua natureza destrutiva, agressiva.

Num dos sonhos de Ellen, vemos um outro aspecto da função delimitadora do animus, assim como uma imagem do eixo ego-Self que constela durante a fase-Ártemis:

> Preciso de um lugar para viver em Nova York. Cassandra me ofereceu o seu apartamento. Para demonstrar minha gratidão, vou fazer uma faxina na cozinha. Quero ter a sensação de estar morando em Nova York, num apartamento com uma amiga. Embora ainda não estejam vivendo juntos, o marido dela chega. Consulto-o sobre a conveniência de lavar os panos de cozinha. Ele me diz para ter cuidado porque não há muita água e porque a torneira havia ficado aberta o dia inteiro.

A Cassandra deste sonho é muito diferente da que apareceu no sonho de Sarah, durante a fase-Atena (pág. 135). A Cassandra Castleglove de Sarah representava o estado do complexo no início do processo, separado da consciência do ego e atuando, sobretudo, como uma estrutura de defesa. A Cassandra de Ellen simboliza o complexo em sua evolução, representando ainda uma sombra não assimilada, agora, porém, mais dotada das propriedades do Self feminino.

Cassandra era, na verdade, o nome de uma pessoa que Ellen conhecia pessoalmente. Haviam frequentado a mesma escola de segundo grau, mas só vieram a ser amigas quando Cassandra se divorciou e voltou à sua cidade natal, onde abriu um negócio. Ellen se referia a essa mulher como uma pessoa interessante e genuína, "uma mulher de sucesso; gosto realmente dela". Ela vivera uma vida difícil, mas não se deu por vencida. Tivera a coragem de pôr fim a um casamento infeliz, no qual o marido, como Apolo, andava com outras mulheres. Teve a visão e a coragem de construir uma vida nova para si e ainda encontrou um homem que a amou e a amparou.

Sob muitos aspectos, esta história caminha paralelamente à evolução da mulher-Cassandra, a princípio escravizada pelo animus masculino, que realmente não se importa com ela. Livre do vínculo deletério, ela volta para casa, para seus domínios femininos, trabalhando com afinco para se firmar como um ser (como virgem, na acepção psicológica) até que, afinal, encontra um companheiro de verdade.

O sonho nos mostra que a sombra cassandriana está, aparentemente, viva e bem e morando em Nova York. A mudança almejada, de certo modo ainda está além do alcance do ego onírico, mas a vontade já se faz presente. O sonho sugere que o ego precisa viver mais próximo e mais fundamentado no Self, que ainda se encontra em projeção e, em grande parte, sustentado pela analista. De fato, é a analista e não a amiga de Ellen que reside em Nova York, o que acrescenta uma dimensão de transferência ao sonho. Ao retirar a projeção e integrar a sombra cassandriana, Ellen pode ter acesso a Nova York, o centro coletivo que representa o Self, a real finalidade da sua análise e a oportunidade de uma vida melhor.

A ação, neste sonho, ocorre antes da *coniunctio*. Cassandra e o marido ainda não estão vivendo juntos. Existe uma implicação: a de que Ellen tem, primeiro, que se mudar. Em outras palavras, o ego precisa estar mais relacionado com a sombra antes que a união possa se consumar. O ego precisa trabalhar um pouco, como fazer a faxina da cozinha.

A cozinha é o lugar onde se faz comida. Em termos psicológicos, é o lugar onde os conteúdos inconscientes são processados alquimicamente. Limpar a cozinha é uma tarefa necessária de manutenção, que do caos faz nascer a ordem. Não é o tipo de trabalho que atraia de imediato; a maioria das mulheres considera-o rotineiro e grosseiro, inferiorizante mesmo. É, pois, um trabalho que requer humildade, responsabilidade e disciplina. O ego atua como um aprendiz de feiticeiro.

O sonho mostra o desejo de Ellen de lutar com denodo contra a sujeira, que representa as facetas menos atraentes da sombra cassandriana, isto é, contra a sensação de inferioridade, a inveja, o medo de não corresponder aos apelos do Self. Ao lidar com esses afetos, ela entra diretamente em contato com a Cassandra que vive dentro dela, em vez de idealizá-la e de projetá-la, o que humilha o aspecto-Cassandra em preparação para a *coniunctio*.

Ellen descreve sua amiga Cassandra como uma mulher um tanto inflada, relacionando-se com o noivo, muito mais novo que ela, como se fosse um filho-amante. A faxina feita pelo ego proporciona a oportunidade de reduzir a inflação, dando margem a um relacionamento mais igualitário com o animus.

No sonho, o animus aconselha Ellen a não usar muita água. Recomenda moderação e fixa limitações. Sendo a água o elemento medial, ele impõe uma barreira a seu pendor de não conhecer limites. Daí o animus exortá-la a fazer uso moderado da *solutio* para remover a sujeira, alertando-a contra uma tendência regressiva de afogar os aspectos dolorosos fundindo-os numa *participation mystique*. Ela precisa esfregar, enfrentar a sujeira, manipular conscientemente seus afetos. Trata-se de menos água e de mais suor, de trabalho mais positivo do ego.

Esse sonho prenunciou a mudança de Ellen para a cidade grande, que se daria muitos anos depois. Psicologicamente, ela estava em condições de internalizar sua imagem projetada do Self feminino, vendo-se a si mesma como artífice de seu próprio destino. Ela tinha, contudo, consciência das responsabilidades e da angústia que a aguardavam: viver sem a companhia de um homem, trabalhar e criar os filhos, sozinha.

Durante esse processo Ellen adquiriu um animus positivo que a ajudou a se disciplinar, a se impor. A analista, como amiga e conselheira, também intervém no papel do animus positivo, discutindo as metas, as táticas e as regras do jogo. Este é o

Apolo, irmão e companheiro de Ártemis. Assim, o animus apolíneo renasce na psique da mulher-Cassandra, de uma forma condizente e familiar.

Afinal de contas, Ártemis e Apolo foram gerados no mesmo útero. Tinham muito em comum – ambos eram *Lykeios,* ávidos caçadores, exímios no arco e na flecha. É em seu mais primitivo aspecto que eles encontram o território que lhes é comum, palco de suas incontáveis façanhas mitológicas. Juntos, mataram os filhos de Níobe; ambos construíram em Delfos o altar ornado de chifres e juntos lutaram contra os gregos na guerra de Troia.[14] Este relacionamento irmão-irmã se manifesta intrapsiquicamente, nesta fase do processo, como animus-ego, trabalhando juntos, em harmonia.

Temos uma clara noção desse esforço harmônico na figura da página 155 que ilustra Orestes em Delfos. A presença de Ártemis significa que ela se uniu a Apolo para dar suporte a um outro par de irmãos – Orestes e Electra – em sua luta para extinguir o matriarcado e exonerar o matricídio. Isto é confirmado em versões do mito de que Orestes se purificou no templo de Ártemis. Em outra versão, a única forma de Orestes se ver livre das Fúrias era trazer para a Grécia a estátua de Ártemis Taurínea que, dizia-se, caíra do céu em tempos pré-históricos.[15]

---

[14] Graves, *Greek Mythes*, vol. 1, pp. 258-259.
[15] Ibid., vol. 2, p. 74.

Psicologicamente, isto retrata a função do animus de domador da besta selvagem e sugere que Orestes poderia neutralizar as Fúrias se conseguisse controlar o aspecto orgíaco, selvagem, primordial de Ártemis.

Por outro lado, uma outra versão fala da morte de Orestes nas mãos da suma sacerdotisa, Ártemis Taurínea, que era, na verdade, sua irmã Ifigênia, também conhecida como a jovem Hécate.[16] Esta história fala de Ártemis não como aliada de Apolo, a favor de Orestes, mas como sua adversária. Revela também sua adesão ao matriarcado, conivente com Clitemnestra, em sua vingança contra Agamenon. Robert Graves descreve essa ação da deusa como

> mais um incidente na briga entre a casa de Tiestes, protegida por Ártemis, e a casa de Atreu, protegida por Zeus... É preciso lembrar que a Ártemis que aqui mede forças com Zeus é a antiga Ártemis matriarcal, mais que a virgem caçadora, a irmã gêmea amante de Apolo; os mitógrafos envidaram o melhor de seus esforços para obscurecer a ativa participação de Apolo como aliado de Zeus nesta briga divina.[17]

Temos aqui um vislumbre da afinidade oculta entre Ártemis e Apolo e do que se esconde por trás do véu do seu

---

[16] Ibid., p. 78.
[17] Ibid., p. 83.

conluio patriarcal. Existe entre eles uma relação ambivalente: aliados por um lado, adversários por outro. E, como em todos os relacionamentos profundos, a verdadeira *coniunctio* deriva menos de igualdade entre as partes que de desigualdade. É na sua polaridade, na tensão de seus opostos que Ártemis e Apolo encontram sua máxima criatividade. Eles passam a representar, respectivamente, os princípios masculinos e femininos que, ao se confrontarem, transformam-se e criam um terceiro – o produto de sua união.

Nesta fase da evolução da mulher-Cassandra, a imagem incestuosa pai-filha é substituída pela imagem irmão-irmã. O que aparentemente, em linguagem popular, poder-se-ia qualificar de "chover no molhado", na verdade constitui um progresso.

Como irmão-irmã, Apolo e Ártemis estão em igualdade de condições. Ela é uma antagonista à altura do poder, da impiedade, da numinosidade de Apolo, ao passo que Cassandra fora dominada por ele. Um sonho de Sarah ilustra o aspecto incestuoso do relacionamento entre o ego de Ártemis e o animus de Apolo:

> É noite e estou deitada na minha cama, no quarto que compartilho com minha irmã desde os meus onze anos. Milhares de percevejos estão entrando pela janela. Corro apavorada para minha mãe (que está no quarto que ocupei até meus onze anos). Ela, porém, nem liga – e me despede com um gesto de mão.

Volto então a deitar-me. Sinto uma força estranha – um homem que se dirige a mim, vindo do hall. Fico apavorada. Esgueiro-me até a porta e espreito a horrível sombra que avança. É Tom [seu irmão]. Uma parte de mim respira aliviada, enquanto a outra continua apavorada.

O conteúdo deste sonho é a puberdade, a transição entre a latência e a adolescência. A camaradagem existente entre Ártemis e Apolo, até esse momento, baseara-se na igualdade e na ignorância de suas diferenças sexuais. Assistimos agora à emergência do animus como o outro. A reação inicial do ego é de terror. Finalmente, no sonho, Sarah encontra coragem para "espreitar" o homem, o que significa não só olhá-lo como igualar-se a ele, e descobre que aquele homem não é outra pessoa senão seu irmão, uma figura familiar, mas ainda aterrorizante.

Se este sonho reflete uma tendência regressiva ou pelo menos conservadora, na qual a mulher preferiria permanecer sob a égide protetora do grupo de latência informado pela mãe, revela, igualmente, a expectativa da sonhadora de que a mãe, ou a analista como mãe, a abandone. É muito importante que, a esta altura, a analista permita esses desabafos, atentando às preocupações, aos temores da analisanda, sem, contudo, deixar de encorajá-la a encontrar-se com esse outro.

O ego feminino se sente assustado e oprimido pelo ressurgimento do animus apolíneo. Durante o processo de análise, a mulher-Cassandra passou pelas provas de Deméter e de Hécate, e seu ego, agora, conta com o forte apoio de sua própria identidade feminina. Entretanto, ela ainda corre o perigo de se superidentificar e de, consequentemente, ser derrotada pelo animus apolíneo.

A própria Ártemis, em dada ocasião, foi vítima de seu irmão que, sem hesitar, aproveitou-se de sua devoção fraterna, traiu a ingênua confiança que ela nele depositava. Pois não é que Apolo, com ciúmes da afeição que sua irmã dedicava a Órion, belo caçador, não a confundiu para que ela própria o matasse com seu arco e flecha?[18] Esta história atinge o âmago do relacionamento entre os gêmeos-amantes. O estado de plena fusão entre eles deu a Apolo a oportunidade de manipular Ártemis. A deusa, a quem caberia romper esse forte vínculo e posicionar-se contra o irmão, não optou pelo conflito aberto. De acordo com seu modo típico de proceder, retirou-se para o refúgio protetor de sua gruta sagrada e só fazia uso das armas em último caso: se acuada.

O sonho de Sarah indica que a fuga não é mais o caminho a seguir. É interessante notar que, tanto ela como Ellen tinham irmãos, com os quais mantiveram – como com seus pais – um vínculo ilícito. A esta altura da análise, esse relacionamento fraterno adquiriu, para ambas, foros de relevância e de conflito.

---

[18] Graves, *Greek Mythes*, vol. l, p. 152.

Ambas estavam inconscientemente acostumadas a se submeterem às opiniões e desejos dos irmãos. Repentinamente, constataram, enfurecidas, que estavam sendo lesadas pelas atitudes destes, pelas liberdades que tomavam e pelo desrespeito às suas fronteiras. Figurava-se-lhes muito importante, a partir desse momento, reivindicar suas próprias realidades, dizer não a seus irmãos.

É possível que tenha chegado a hora, nos tempos de hoje, de Ártemis arriscar-se a deixar cair sua persona patriarcal autoprotetora e reassumir sua identidade de deusa primordial, no mesmo nível e em oposição, como igual e contrária a Apolo. Como sugere Robert Graves, o que pode emergir é o aspecto de Ártemis que jamais perdoou Apolo pelas suas afrontas ao feminino e que o obrigaria a recordar suas raízes matriarcais.

Esta é a Ártemis que reduziria Apolo à sua posição subordinada pré-helênica de seu consorte e sumo sacerdote. Ela lembraria, a esse deus-solar, o que ele, em sua supremacia e esforço para fugir das entranhas devoradoras do catabolismo matriarcal, parece ter esquecido: que o sol precisa se pôr ao fim do dia.

Apolo não renunciará de bom grado à sua supremacia patriarcal. Enquanto se sentir ameaçado pelo poder da deusa, enquanto se sentir temeroso de sua vingança, sua melhor arma é manter-se a distância, continuando a usá-la e a manipulá-la em seu favor.

Estamos diante de uma situação altamente polarizada. Ártemis representa o arquifeminino, Apolo, o arquimasculino. Mas, pelo fato de serem irmãos – vínculo que pode, talvez, uni-los e levá-los a superar todos os obstáculos – existe entre eles um grande potencial para a *coniunctio*.

Ártemis, a Virgem caçadora
(estátua grega de Pompeia; Coleção Mansell, Londres)

Têmis como o oráculo délfico, sentada na trípode
(prato pintado; Antikenabteilung, Berlim)

CAPÍTULO 7

Têmis

Dancemos por nossas cidades e por nossas naus indômitas; dancemos por nossos cidadãos e por Têmis, sumamente bondosa.

Hino das Coras

Na era patriarcal, a adaptação defensiva de Ártemis e Apolo tinha por objetivo negar suas respectivas hostilidades e evitar conflitos. Ambos se ocultavam atrás de laços familiares e retiravam-se a seus respectivos grupos de latência para proteger e consolidar suas identidades sexuais.

Entretanto, assim como um adolescente emerge de sua fase de latência interessado no outro, da mesma forma Ártemis e Apolo emergem de seus redutos narcisistas, admitindo o amor e o ódio que sentem um pelo outro e reconhecendo o fato de serem incompletos. Ela não tem pênis e ele não tem útero. Se pudessem lamentar esse fato e admitir a inveja recíproca, o medo e o desejo recíprocos, talvez chegassem a encontrar um no outro o que tanto almejavam. Isso requer não só coragem como empenho. Mantendo os atributos comuns ao fato de serem irmãos gêmeos – espírito de aventura, integridade e ânsia da verdade –, eles têm de prosseguir em mútua vulnerabilidade, respeito e confiança.

A relação amor-ódio existente entre Ártemis e Apolo se manifesta intrapsiquicamente como um intenso conflito entre o ego e o animus. Uma mulher pode ter duas opiniões divergentes a respeito de um mesmo problema. A intenção da terapia é ajudá-la a tomar consciência dessa ruptura, traçando da forma mais clara possível as linhas da batalha. Uma das maneiras de chegar a esse resultado é através da dramatização e de diálogos exaustivos sobre os diferentes pontos de vista. É possível que a analisanda chegue a um meio termo e experimente a tensão dinâmica existente entre a polaridade e a união.

Nesta fase, a mulher compreende o grande valor que existe em relacionar-se com o outro, mas também sabe que não deve entregar-se indiscriminadamente. À medida que ela integrava o aspecto Ártemis à sua consciência do ego, aprendia a dizer *não* em bases muito diferentes das que, originalmente, levou-a a rejeitar as investidas de Apolo. Ela agora está em condições de dizê-lo conscientemente, por conhecer suas razões e poder fazê-lo com autoridade. O próximo passo – crucial – é o de aprender quando deve dizer sim.

Apolo também reemerge no animus da mulher-Cassandra, mas em nova base. Ele não é mais o princípio dominante e o centro da psique. No momento inicial do processo, o ego desidentificou-se do animus apolíneo patriarcal, regredindo ao nível urobórico materno. O animus, não mais nutrido pela libido da psique, atrofiou-se e regrediu junto com o ego. E assim como a ontogenia recapitula a filogenia, o animus desenvolveu-se na mulher-Cassandra dentro da mesma linha da evolução histórica do caráter de Apolo: de filho-amante da deusa matriarcal (Dioniso na fase-Hécate) para a forma heroica/homérica (Hércules na fase-Ártemis) e daí para o Apolo clássico.

Agora, nesta fase final, Apolo pode superar a misoginia narcisista que o fez amaldiçoar Cassandra por rejeitá-lo. O animus apolíneo sofreu a influência de sua sombra dionisíaca e foi até certo ponto humilhado. Ele precisa, agora, aprender a relacionar-se em pé de igualdade com um forte ego feminino. Já não pode tiranizar a mulher com chantagens e ameaças de abandono, pois ela conta com suas próprias armas, com sua própria autoridade; ela também sabe como exigir, sabe ser cruel e engendrar vingança. Em suma: tem condições de aguentar-se sozinha.

Além disso, ela tem capacidade para criar um espaço sagrado. Esta é uma função muito importante porque, agora, o ego está apto a proporcionar um recipiente para a *coniunctio*, um meio envolvente e acolhedor para o fluxo e refluxo psíquico da união e da separação.

O novo Apolo tem de ter estrutura para tolerar a rejeição sem mergulhar na ira narcisista. Precisa, também, ser mais receptivo em relação ao outro e conservar sua antiquíssima habilidade de dizer não, neste caso, ao narcisismo feminino. Esta função conservadora do Apolo clássico é, historicamente, bem conhecida: ele é o proponente do justo meio-termo, da moderação, mestre do "nada em excesso, tudo com moderação".

Apolo diz não aos aspectos mais atávicos e involuentes do feminino. É este o Apolo que matou a Pítia, que domou as musas selvagens, que julgou Clitemnestra e baniu as Fúrias. É ele que condena a selvageria e o concretismo do matriarcado; que quer pôr um ponto final ao ciclo inexorável de vinganças, clamando por reflexão diante de seu horror e imoralidade. Apolo advoga o perdão e a transcendência e exorta-nos a encontrar o verdadeiro significado do comportamento instintivo mais do que, simplesmente, deixá-lo acontecer. Sua filosofia de pureza e sublimidade patenteia-se no seguinte trecho do Hino a Apolo, de autoria de Calímaco, poeta helenista da era clássica:

A inveja segredou aos ouvidos de Apolo,
"não rendo homenagem ao cantor cujo
canto não sobrepuje a amplidão do mar".

Apolo afastou a Inveja com um pontapé e falou assim:
"É grande o caudal do rio Assírio, mas ele transporta
muita erosão em suas águas e muito refugo.
As abelhas não levam a Deus nem uma gota d'água
que não seja pura e imaculada, de um pequeno e
   murmurejante regato,
nascido de uma fonte sagrada, o seu melhor produto."
Clamo ao Senhor: Afastai e ridicularizai a Inveja![1]

Aqui Apolo provoca um ataque por parte da Inveja por distinguir-se como músico e também, talvez, devido à sua arrogância consubstanciada num "sou melhor que vós". Mas ele se defende muito bem.

Nesta fase do processo da mulher-Cassandra, a Inveja constela em resposta à emergência de Apolo em sua forma clássica. Na medida em que o ego começa a relacionar-se e a articular-se com o animus apolíneo, pode subsistir ainda um aspecto sombrio que, teimosamente, se recusa a ser desvendado, preferindo permanecer em identificação inflada como Self. É este o aspecto bicho-papão da *dominatrix,* que visa controlar a energia fálica do homem e que prefere destruir o masculino patriarcal a permitir a ele algum poder.

O animus apolíneo precisa pôr-se a salvo deste aspecto maligno da sombra antes que ela engula completamente a

---

[1] Kerényi, *Apollo*, p. 26.

psique. Este aspecto do feminino não pode participar da *coniunctio* por apresentar resistência ao comprometimento, ao sacrifício e à aceitação de limitações. Desta forma, a inveja que surge nesta fase é novamente edipiana, experimentada pelo terceiro, lesado em seus direitos, pelo que se sentiu posto de lado.

Enquanto o ego ainda estiver sujeito a um narcisismo infantil, este aspecto mais negro do feminino pode encontrar aí um ponto de apoio a partir do qual poderá trabalhar sua magia negra. O animus pode passar à mulher informações sobre o tipo de comportamento que ele aprova ou desaprova, sobre o que é certo ou socialmente aceitável, mas é o ego que tem de desempenhar a tarefa – que fazer a escolha, aceitar as limitações humanas e sofrer as consequências.

Sarah teve um sonho que ilustra, por um lado, o ego pronto a aceitar os comprometimentos necessários à *coniunctio* e, por outro, a sombra narcisista feminina contra ela.

Estou numa cozinha ensolarada, com um homem e uma mulher, ambos bons amigos meus. São amantes e moram juntos ali. Cederam-me um canto para eu ficar provisoriamente e estamos discutindo a possibilidade de eles me ajudarem a encontrar um amor. Sinto-me muito bem e protegida. Saio para o quintal e descubro joias há muito jogadas na grama, tanto assim que estão meio entranhadas na terra e densamente rodeadas por ervas que ali cresceram. Você só consegue encontrar as joias, tocando-as com as mãos. Há anéis. Um é o meu anel de jade. Guardo-o. Os outros pertencem a Cassie. Um deles é uma estranha réplica do meu anel, porém com uma enorme pedra verde de cristal. Levo os anéis para dentro, onde Cassie está sentada à borda de uma banheira cheia de água, num amplo quarto onde também estão sentados o homem e a mulher. Jogo os anéis na banheira dizendo a Cassie que os havia encontrado. Ela os recolhe e me diz que não os quer, atirando-os raivosamente ao chão, como se fosse uma criança malcriada. Eu os pego e digo, indulgente: "Sim, senhor! Não é que estamos num beco sem saída?"

Este sonho de Sarah lembra o de Ellen sobre a cozinha de Nova York (pág. 207). Só que avança um passo. Neste caso, consumou-se a *coniunctio*, a sombra grandiosa foi dominada até certo ponto e o casal está mais próximo da consciência do ego, isto é, eles são bons amigos de Sarah. São também paternais. (Não é incomum ver-se a constelação de bons pais como uma imagem primária da *coniunctio*.)

Essa possibilidade de união não se manifesta apenas intrapsiquicamente, como uma abertura para o animus apolíneo, mas também pode ser projetada para a vida. Foi por essa época que Sarah demonstrou o desejo de um relacionamento mais duradouro com um homem, interesse em casamento e prole.

A cena de abertura do sonho reflete, de forma abstrata, a união de opostos: a cozinha representando a mãe, o recipiente nutritivo feminino, onde ocorre a transformação, atravessada pela luz do sol – a consciência solar do pai espiritual.

É dentro dessa atmosfera que Sarah encontra as joias, uma imagem do Self. O anel é um símbolo de fidelidade e de compromisso, de palavra empenhada. Um deles é de jade, que equivale ao Self hermafrodita. Na China, acredita-se que o jade possua um alto grau de *yang*, o princípio masculino. É descrito como a essência solidificada da água pura das montanhas – o que lembra o Hino a Apolo. Mas o jade apresenta, também, qualidades *yin*, que são femininas. O jade não é apenas um produto da terra, como é considerado também um material extremamente medial, produzindo um tom rico, vibrante, duradouro quando trabalhado. Embora de grande dureza, é maleável e pode ser polido. Foi usado nos tempos pré-históricos para o fabrico de armas e utensílios.[2] Sendo assim, o jade representa um aspecto prático do Self que pode ser utilizado pelo ego: o de artifício no melhor sentido.

No sonho, as joias ainda estão enterradas, isto é, ainda estão, de certo modo, indiferenciadas da Grande Mãe. O ego onírico precisa despender algum esforço para extraí-las. Em primeiro lugar, precisa senti-las com seus próprios dedos o que, em outras palavras, quer dizer que ela tem que se servir de sua

---

[2] *Funk & Wagnall's Standard Dictionary of Folklore, Mythology and Legend*, p. 537.

função sensorial para reconhecer o que tem valor ou não. Em seguida, precisa haver-se com Cassie, sua sombra infantil, que não quer nada com as joias.

Cassie está sentada na banheira; portanto, psicologicamente, ainda num estado de fusão narcisista, de pré-separação do Self feminino. Ela permanece identificada com o círculo urobórico, embora ainda incapaz de relacionar-se simbolicamente com ele como um anel. Talvez, até certo ponto, ela saiba que seu anel não é tão valioso quanto o de Sarah, assim como a fusão não passa de uma imitação barata da *coniunctio*. O anel de Cassie é de cristal, uma cópia da coisa real, da pedra preciosa. Isto reflete o uso que ela faz da magia mais do que do ego para obter o que quer. Por isso sua cor é o verde da inveja e não o verde do crescimento e da fertilidade.

Claro que esta é a mesma Cassie com quem Sarah tinha "coisas a fazer" num sonho anterior (pág. 200). Neste, Cassie se comporta (segundo Sarah) "como uma criança malcriada que quer impor sua vontade e mostrar quem manda". É este ímpeto poderoso que motiva a sombra narcisista.

Este sonho deixa bem claro o que Sarah tem de fazer com Cassie. Seu ego saudável já tem acesso ao animus apolíneo; portanto, agora, com atitude firme e docemente paternal, ela precisa enfrentar sua própria sombra narcisista que continua a sabotá-la, impedindo-a de reivindicar o que tem mais valor.

O prêmio pela submissão da sombra narcisista, pela análise da inveja edipiana e aceitação da necessidade de um comprometimento é a subsequente desidentificação entre o ego e o Self, e a diferenciação entre sombra pessoal e transpessoal. O ego não perde uma mãe; ganha um sócio: um animus que o habilita a captar a realidade simbólica e que confere correção, decoro, formalismo e sensibilidade estética. Neste contexto, o animus atua de acordo com o que Freud denominava de superego.

O novo animus também exerce a função de orientar o ego para o mundo exterior. Este é o Apolo, deus da *polis,* a lei, o criador de regulamentos tendentes a imprimir à sociedade sua forma. Foi a Apolo que Platão confiou a responsabilidade de decidir todas as questões morais e religiosas da sua república ideal.

Até a arquifeminista Christa Wolf reconhece o valor de Apolo, como reconhece também que não podemos simplesmente retornar à natureza, aos tempos matriarcais: "Conhece-te a ti mesmo, a máxima do oráculo Délfico... é um dos *slogans* de Apolo; este *slogan* não teria ocorrido a nenhuma deusa na era indiferenciada."[3] Afinal de contas, por que deveríamos renunciar a quatro mil anos de evolução? Mesmo admitindo que o feminino tenha sofrido muitíssimo durante a era patriarcal, uma regressão para inaugurar um novo ciclo de vinganças não é a solução. Pelo contrário, precisamos tentar extrair o melhor do patriarcado.

---

[3] Wolf, *Cassandra*, p. 294.

Walter Otto descreve o valor da consciência apolínea na seguinte passagem que diz respeito a uma das mais relevantes qualidades do deus, isto é, a distância:

> Aparentemente, esta palavra expressa somente uma ideia negativa; porém, seu sentido intrínseco traduz, ao contrário, o que há de mais positivo – a atitude de cognição. Apolo condena a extrema proximidade, a autoconsciência das coisas, o olhar anuviado e igualmente o intercâmbio espiritual, a mística embriaguez e o êxtase do sonho. Ele não está interessado na alma (no sentido dionisíaco), mas no espírito. Em Apolo encontramos o espírito do conhecimento discernível, em antítese à existência e a um mundo de liberdade desigual – o genuíno espírito grego, que estava destinado a dar origem a várias artes como também, em última análise, à ciência.[4]

À medida que Apolo reconstela dentro do recipiente analítico, ocorre uma mudança no papel da analista, especialmente no que tange à atuação de seu próprio animus. Na fase Hécate, enquanto a analista estava trabalhando com afinco seu animus dionisíaco, a intervenção terapêutica envolvia sobretudo reflexão e confrontação do comportamento da analisanda sob um ângulo concreto-descritivo. Agora, as interpretações são mais

---

[4] Walter Otto, *The Homeric Gods*, p. 78.

simbólicas e analíticas. Aqui Apolo se apresenta na sua mais apurada forma clássica, buscando entendimento racional, clareza, objetividade, perspectiva. Na medida em que o ego da analisanda ainda estiver identificado com o lado negro do feminino, ela resistirá possivelmente a essas interpretações.

Um sonho de Ellen ilustra essa resistência:

> Estou dormindo num quarto revestido de pinho – num acampamento talvez, ou num albergue da juventude. Sou despertada por um médico de avental branco que quer me dar uma injeção. Penso: "Ele não deveria estar aqui." Tento fugir, mas outro homem chega por trás de mim e me agarra pela garganta.

Vemos por este sonho que o ego ainda está identificado com a natureza selvagem de Ártemis, que se opõe à penetração do animus – neste caso, Apolo como deus da medicina. Este sonho aconteceu no final de um hiato que se prolongou por todo o mês do verão e revelava uma relação de transferência negativa quanto a recomeçar a terapia. O segundo homem representa o animus heroico, já firmemente alojado na sua psique. E a mesma figura que reteve os cães num sonho anterior (pág. 204) e que agora segura Ellen pela garganta – como, no mito, Hércules fez com Cérbero – dominando-a para que o médico/a analista/o animus apolíneo pudesse tratá-la.

Não há dúvida de que Ellen considerou tudo isso como um ato de violação por parte de uma dupla de delinquentes, representados pelos elementos masculinos da sua psique, mas há uma implicação em sua associação com o revestimento de pinho e um "caixão de defunto", isto é, que algo de vital perecerá se ela for incapaz de renunciar a seu narcisismo feminino.

O seguinte sonho de Jane demonstra o que a mulher se predispõe a ganhar ao admitir sua sombra narcisista e analisar aspectos edipianos.

Ofereci-me como voluntária para ensinar numa escola em fase de transição. Escolhi o pré – numa faixa de crianças de quatro a cinco anos. Estou ansiosa para começar... Mais tarde, a diretoria dá uma grande festa ao ar livre para mostrar as melhorias introduzidas. Vagueio pelo terreno. Existem belas árvores e lindas flores. Caminho por um gramado verde maravilhosamente bem tratado. Dou com um muro de pedra. O gramado prossegue do topo da parede, como se fosse um platô. Um homem, no alto desse platô, me ajuda a escalar o muro para chegar até ele. Eu o conheço – é o convidado de honra... Na volta, convidam-me para fazer parte de um grupo de sete pessoas, uma das quais é esse homem. Serei a oitava. Trata-se de algum tipo de experiência psicológica. Interessou-me.

Este sonho está ambientado numa escola, lugar destinado à educação, ao aprimoramento do conhecimento e da percepção.

Como Sarah, Jane precisa trabalhar a criança edipiana. Esta é a idade em que as crianças passam pelas primeiras experiências fora de casa. Se bem que Jane não tenha frequentado o jardim da infância no colégio citado no sonho, foi nessa escola que ela passou os momentos mais felizes e mais bem-sucedidos de sua juventude. Essa associação, mais sua atitude positiva, asseguram o cumprimento da tarefa que sua psique lhe confiou.

No sonho, esse trabalho leva a uma reforma no "campus". Há primeiramente um florescimento na natureza, sugerindo que as mudanças psicológicas gratificam não só o deus do logos, mas também a Mãe-Terra que não está agindo aqui como uma matriarca narcisista, atavicamente resistente a qualquer intromissão do deus da mente: o terreno, no sonho, está cuidadosamente cultivado, o gramado e o jardim primorosamente tratados, indicando a união do céu e da terra.

As mudanças também incluem o reaparecimento do animus apolíneo. Este homem, o convidado de honra, recordou a Jane dois professores que tivera no colégio: um lhe ensinara, no segundo grau, arte e história da arte; o outro, já na universidade, foi um professor de biologia que lhe causou profunda impressão, devido a seu interesse pelo sistema límbico, que liga a psique ao soma. Ambos loiros, jovens, atraentes, dotados de clareza, objetividade e sensibilidade estética. Em suma: a figura do sonho representa um animus informado por Apolo, deus da arte e da ciência, pelo qual Jane, no sonho, demonstra uma atitude de respeito e reverência, mais que de resistência e temor.

Este novo animus apolíneo, como os dois professores, se apresenta sob um aspecto de relacionamento, de ajuda incondicional: em outras palavras, ele não exige mais reflexo e submissão. É agora um amigo querido.

O homem ajuda Jane a vencer o obstáculo representado pelo muro de pedra e a galgar um plano mais elevado. Um muro em geral é erguido para demarcar uma propriedade particular; em termos coloquiais, significa também obstrução. Assim, psicologicamente, ele fixa as claras fronteiras do ego, cuja demarcação foi de suma importância para a mulher-Cassandra na fase Ártemis. Essas rígidas fronteiras podem encouraçar o aspecto narcisista e transformar-se em obstáculo para uma evolução futura. O muro edificado sobre três pilares sugere a natureza edipiana da obstrução. O animus apolíneo modificado ajuda o ego a sublimar os anseios edipianos regressivos e a se elevar para além da natureza defensiva, específica e terrena da fase-Ártemis, sem deixar de, ao mesmo tempo, manter-se unido a terra.

Este é um passo muito importante para a mulher-Cassandra, cuja natureza intrínseca exige que ela, de tempos em tempos, tenha a capacidade de transcender os limites de seu próprio ego. Se ela souber valorizar o animus apolíneo, o que antes representava para ela um muro de pedra pode se transformar num objeto de três pés – a trípode sobre a qual se sentava a Pítia para receber a inspiração divina. Temos aqui um belo exemplo de como o terceiro elemento do triângulo edipiano pode vir a ser o *tertium non datur*, o terceiro não nascido da lógica, o produto da *coniunctio*. O próprio desenho da trípode indica união:

> Era formada de uma serpente de bronze que se enrolava em espiral ascendente, na forma de um cone, terminando em três cabeças. Como o cone ou a pirâmide eram um símbolo dos raios do sol, isto salientava a união do culto a Apolo, o Deus-Solar, com o da Serpente, a Pítia, uma divindade terrestre.[5]

No início do processo terapêutico, a mulher-Cassandra não tinha o vaso do ego para receber Apolo. No decorrer da análise, ela desenvolveu um útero capaz de se fixar, não mais errante. Sofreu transformações e está pronta para receber o animus. Dotada agora de um forte vaso, ela está em condições de assumir seu papel de Pítia e de servir de meio para sua inspiração.

Seu ego é o meio. O animus apolíneo transporta a mensagem, o Logos Spermaticos, o espírito fertilizante que chega até ela através do éter. Seu instrumento medial – esse complexo de corpo/mente/emoção que denominamos ego feminino – capta e vibra com essa mensagem. Ela a aspira, a sente, guardando

---

[5] Howie, *Encircled Serpent*, p. 143.

essas impressões cinestésicas, moldando-as, até chegar às formas gestaltistas.

No passado, a mulher-Cassandra teria se transformado numa histérica. Dominada pelo medo e pela ansiedade, impulsiva e inadvertidamente ela teria deixado escapar impressões não metabolizadas, deparando com descrédito por todos os lados. Agora ela pode sofrear esses conteúdos até que estejam totalmente maduros, quando então o animus tem possibilidade de ajudá-la a entender cognitiva e simbolicamente o que ela sente e vê. E, para terminar, o animus a ajuda a articular o que precisa ser comunicado, a discriminar como e onde fazê-lo, e até a se expressar com refinamento, como o sacerdote délfico que interpretava os murmúrios da Pítia, traduzindo-os em poesia. Assim a mulher-Cassandra profere seu oráculo. Pode, agora, acreditar em suas previsões e ser acreditada por terceiros.

O trecho a seguir é bem representativo da evolução da mulher-Cassandra, de meio para mediatriz. Depois de sete anos de análise individual, Sarah, ainda sob a minha orientação, passou a fazer análise em grupo. A princípio, era bem nítida a ruptura psíquica entre o animus apolíneo e a sombra cassandriana. Quando firmemente identificada com seu *ego/animus* apolíneo, Sarah sentia-se sob controle e senhora da situação. Falava de si mesma com objetividade e apresentava interpretações introvisivas, se bem que um tanto superficiais e não condizentes, sobre os outros membros do grupo.

Porém, com certa frequência, quando acometida por alguma sombria intuição a respeito de si mesma ou de terceiros, era dominada pelo complexo mórbido. Nessas ocasiões, sentindo-se fraca e indecisa, parecia outra pessoa. Parecia amedrontada, vencida pelo medo, chorando e falando coisas incompreensíveis e impressionantes, o que gerava confusão, frustração e até sadismo por parte do resto do grupo. Então Sarah recolhia-se, queda e muda.

À medida que aprendeu a conter e a processar suas percepções mediais, Sarah tornou-se uma das participantes mais queridas do grupo, sendo acatada e respeitada – até mesmo temida – pela profundidade de seus julgamentos e percepções. Ela possuía o dom real de ver o que acontecia além das aparências, consigo, com terceiros e com a dinâmica do grupo como um todo, demonstrando possuir um alto grau de consciência coletiva.

Qual o arquétipo dominante nesta fase evolutiva do ego? A ilustração da página oposta à que abre este capítulo mostra Egeu, pai de Teseu, em consulta ao oráculo. A Pítia está sentada na trípode, segurando um ramo de louro na mão direita e um vaso com água sagrada na esquerda. Isto representa a união do feminino com o masculino e a necessidade da cooperação de Apolo e da deusa-mãe na prática divinatória. No caso, a Pítia é a própria Têmis, "a segunda depois da mãe [Geia]... a sentar-se nesta cadeira da sibila".[6] A classicista Jane Harrison descreve

---

[6] Ésquilo, *The Orestes Plays*, p. 159.

Têmis como o espírito do oráculo. "Os deuses podem ir e vir, Geia e Febe e Febo, mas Têmis, que... está abaixo e acima de todos os deuses, lá permanece sentada."

Como no sonho de Jane (pág. 233), desde o momento em que o animus passa a ajudar o ego a atingir um plano superior, deixamos os domínios de Ártemis e adentramos os de Têmis, suma protetora da mulher-Cassandra, símbolo por excelência tanto da virgindade como da *coniunctio*. Como filha de Geia e de Urano, Têmis resulta da união entre o céu e a terra, sendo também uma deusa tríplice e, por direito, uma titânida do planeta Júpiter.[7] Ésquilo, que a via como o poder oracular da Terra, a considera idêntica à mãe: "Têmis e Geia, uma só natureza, muitos nomes."[8]

Têmis não evitava a companhia dos homens. Ela era não somente a mãe natural de Evandro, filho de Hermes, e mãe substituta de Apolo infante, alimentando-o com néctar e ambrosia, como também uma sócia.[9] Ela partilhava com Eurimedonte a origem titânida de Júpiter, e veio, mais tarde, a tornar-se a segunda esposa de Zeus. "Ela que era da terra, que era a própria terra, deixa seu lar e sobe rumo às coisas divinas, até o Olimpo... um reino estranho," onde se senta ao lado de

---

[7] Graves, *Greek Mythes*, vol. 1, pp. 27, 324.

[8] Harrison, *Themis*, p. 480.

[9] Graves, *Greek Mythes*, vol. 1, p. 76; vol. 2, p. 137.

Zeus, como esposa e conselheira.[10] Juntos geraram as Estações e planejaram a guerra de Troia para, possivelmente, contrabalançar o aumento da população.[11]

Têmis, porém, era mais que a companheira de Zeus. Mesmo no Olimpo tinha um poder todo seu. Competia-lhe a importante tarefa de conclamar deuses e semideuses aos concílios.[12] Cabia-lhe convocar e dissolver a Ágora (assembleia dos cidadãos) e presidir às festas sacramentais.[13] Psicologicamente, portanto, Têmis representa a capacidade que tem o ego feminino de reunir e concentrar as forças e os conteúdos do inconsciente coletivo até que seu significado possa ser entendido e integrado. Essa função de Têmis faculta à mulher-Cassandra o cumprimento do mandato supremo ordenado pela sua psique – de ser mediatrix, e não meio, do inconsciente coletivo e intérprete do *Zeitgeist*.

O sonho de Jane descreve a missão do ego e mostra como o animus pode ajudar; revela também o resultado potencial desse trabalho conjunto realizado pelo ego e pelo animus, a saber, o produto inesperado e desconhecido da união dos opostos – o grupo de oito, o dobro da quaternidade. Se o número quatro simboliza a plenitude do Self, então esta óctupla qualidade

---

[10] Harrison, *Themis*, p. 519.

[11] Graves, *Greek Mythes*, vol. 2, p. 269.

[12] Harrison, *Themis*, p. 482.

[13] Ibid., p. 482.

expande-se na sua natureza coletiva. A *coniunctio* se transforma em comunidade. A individuação não mais constitui a meta final, o supremo objetivo do desenvolvimento psíquico. O conceito de superego assume dimensões transpessoais.

No sonho, a associação de Jane com a "experiência psicológica" reportava-se a uma cena do romance de Jean Auel, intitulado *The Clan of the Cave Bear*. Durante um transe induzido por drogas, os feiticeiros de um Clã do período Cro-magnon participam de um ritual, no qual eles vão passando de mão em mão o crânio de um caçador – morto pelo tótem do Clã, o urso da caverna – cujo cérebro devoram. A seguinte passagem descreve essa experiência comunal através dos olhos de Ayla, uma mulher do período Neandertal, adotada pelo Clã.

Ela sentiu emoções desconhecidas, estranhas a seu próprio ser. A mais forte era a de amor, porém mesclado com profundo ódio e grande medo. Havia também um laivo de curiosidade. Teve um choque quando se conscientizou de que Mog-ur [o chefe dos feiticeiros] instalara-se dentro da sua cabeça. Na sua mente e nas suas emoções reconheceu os pensamentos e os sentimentos dele. Aflorava nisso tudo um aspecto nitidamente físico, uma sensação de multidão, sem o mal-estar que ela causa, mais como um toque, próximo, mas ainda não físico.

As raízes que alteram a mente... acentuavam uma tendência natural do Clã. Entre os componentes do Clã, o instinto havia evolvido para memória. Mas a memória, quando mergulhada na noite dos tempos, identifica-se, transforma-se em memória racial. As memórias raciais do Clã eram as mesmas; e, com a percepção ativada, eles podiam partilhar memórias idênticas...

Ela compreendeu o profundo sentido de reverência com que os feiticeiros propiciavam o ato de canibalismo que tanto a revoltara. Não havia atinado, não tivera meios de perceber que se tratava de uma comunhão. A razão daquela Assembleia de Clãs era uni-los, transformá-los num Clã único... Todos os membros do Clã partilhavam de uma herança comum que não esqueceriam, e qualquer ritual celebrado em qualquer assembleia teria para todos o mesmo significado. Os feiticeiros acreditavam estar contribuindo para o bem do Clã que, assim, absorvia a coragem do jovem que estivesse viajando com o Espírito de Ursus.[14]

Em estado de transe, Ayla traça a memória da raça e não apenas a passada, mas também a futura, onde visualiza as duas correntes do homem pré-histórico – a de Cro-magnon e a de Neandertal – se fundirem para dessa fusão surgir o *homo sapiens*. Esta história é a fantasia de Auel – ou melhor, a memória – da vida pré-histórica. O que ela conta é sumamente primitivo; contudo, pode fornecer um modelo simbólico para o

---

[14] *The Clan of the Cave Bear*, pp. 424-427.

que nós, com a nossa tendência à individuação e à exogamia, precisamos tentar reaver.

Embora a experiência comunitária possa parecer um retrocesso para um nível primitivo de comportamento, representa, na verdade, à maneira alfa e ômega, um passo à frente para todos os que se encontram no alvorecer da Era de Aquário. Um senso de comunidade torna-se imperativo, sob pena de destruirmos a Mãe-Terra.

Pode parecer que, nesta digressão, nos tenhamos afastado muitíssimo de Têmis, mas esse tipo de consciência coletiva cabe, à perfeição, dentro de sua esfera. Em 1927, Jane Harrison escreveu:

> Têmis pertencia... a princípio, à tribo, e a essa época era todo--poderosa. Quando mais tarde o sistema tribal faliu, por questões de guerras, incursões e migrações, seu lugar foi ocupado, de modo menos dominador, mais efetivo, pela *polis*. A *polis* instalou-se para modificar e modelar todos esses impulsos e instintos primitivos que se resumem na adoração da Terra e também para, mesmo inconscientemente, contrabalançar o domínio exercido pelos laços de parentesco...

> Têmis convoca a assembleia... É o próprio espírito encarnado da assembleia. Têmis e a ágora concreta, real, são apenas distinguíveis...

Aqui o fato social tremula nos próprios limites da divindade. Ela é a força que reúne e aglutina os homens, é "o instinto gregário", a consciência coletiva, a sanção social. Ela é *o fas,* o imperativo social. Esse imperativo social, num grupo primitivo, apresenta-se difuso, vago, rudimentar e, no entanto, absolutamente aglutinante. Mais tarde ele se cristaliza em convenções fixas, em costumes tribais regulares e, finalmente, na *polis,* assume a forma de Lei e Justiça. Têmis existia antes de os deuses ostentarem suas formas particulares; ela não é a religião, mas a matéria que plasma as religiões. E a ênfase e a representação do instinto gregário, da consciência coletiva que constitui a religião...

A religião reúne e incorpora o que sentimos juntos, o que amamos juntos, o que imaginamos juntos...

É quando a religião perde esse caráter de sentimento comum, quando se torna individualizada e intelectualizada que as nuvens se adensam no horizonte.[15]

Na primeira parte deste livro, vimos que a situação de Cassandra tinha raízes nos conflitos coletivos de seu tempo, descritos por Ésquilo nas *Eumênides,* como uma batalha de sexos. No drama, Atena, que abriu caminho para a nova era patriarcal, solucionou a disputa entre a lei matriarcal e a lei patriarcal.

---

[15] *Themis,* pp. 484-487.

Agora, dois mil anos depois, vemos que a *dea ex machina* de Ésquilo não passou de uma solução provisória. As Fúrias não foram permanentemente apaziguadas pelas promessas de respeito que Atena não cumpriu. A batalha prosseguiu através de todo o último éon – às vezes como conflito aberto, às vezes como guerrilha e, mais frequentemente, como atividade subterrânea.

Precisamos chegar agora a uma solução mais equitativa. Para a mulher-Cassandra, em quem a batalha dos sexos ainda persiste, uma imagem reconciliatória pode ser encontrada em Têmis, produto quintessencial da *coniunctio*. Têmis "começa na terra e termina no céu".[16] Nunca, porém, durante todo o decorrer de sua evolução, mesmo durante o patriarcado, ela perdeu sua identidade original de encarnação da sabedoria mântica e da justiça coletiva.

Têmis viveu sob a égide da lei matriarcal e da lei patriarcal. Ela representa o melhor aspecto de ambas. Portanto, sente-se ofendida quando uma ação humana desrespeita a lei. Assim como se sente igualmente ofendida quando a lei estatutária não se baseia em consenso ou não se harmoniza com a ordem natural do universo. Têmis reflete a imparcialidade, a objetividade da lei masculina, destituída, porém, de seu princípio supra-abstrato de lei pela lei – que no nosso sistema legal, por exemplo, permite que o culpado se livre graças a um tecnicismo legal

---

[16] Ibid., p. 483.

e que o inocente, pobre ou ignorante demais para lutar por seus direitos, apodreça na prisão. Esta deusa defende mais o espírito que a letra da lei.

Têmis também encarna o critério discriminador – insensível mesmo – da lei feminina, prática e voltada *ad hominem*. Este é um sentimento extrovertido no seu melhor aspecto, desprovido da força da reação específica da vingança matriarcal. Têmis é possuidora de uma visão justa, que tanto enxerga longe como perto e pode volver seu olhar tanto para o interior mais recôndito do cosmos como abarcar o universo.

VER É CRER

Tanto o homem como a mulher são, até certo ponto, mediais. A medialidade é um assunto confuso e, frequentemente, penoso. O que fazemos dela depende de inúmeros fatores.

Vimos que, embora a mulher medial seja levada a expressar os aspectos sombrios da sua cultura, pessoalmente ela continua responsável pelas inferências da sua própria psique.

Por outro lado, assim como o sonho pertence ao coletivo, o mesmo se dá com a sabedoria medial. Não possuímos mais instituições que honrem e consultem a medialidade, como fizeram os antigos. Portanto, como indivíduos, precisamos estar atentos ao valor coletivo das mensagens que chegam através de nós mesmos e de outrem.

O risco hoje em dia é muitíssimo maior que nos tempos de Cassandra. Sob um ângulo negativo, podemos destruir tudo apenas apertando um botão. Daí que decisões tomadas em *petit comité* podem ter repercussão global. Sob um ângulo positivo, o murmúrio de uma voz solitária pode levar uma mensagem de esperança a toda parte.

Honrar o medial corresponde, psicologicamente, a consultar um oráculo. Jane Harrison diz que essa reverência envolve "um verdadeiro, quase palpável, *rite de passage*... A suplicante precisa transcender o mundo real, sensível, objetivo, para penetrar numa esfera de sonho, de êxtase, de transe".[1] Assim, a experiência medial equivale a um processo de iniciação, trazendo como consequência a morte e o renascimento, durante os quais atravessamos uma região de tabus e da qual retornamos para recordar o que vimos, o que requer uma atitude de receptividade ao inconsciente, a uma não identidade irracional. Tal atitude, para um ego identificado com valores patriarcais, é praticamente impossível.

---

[1] Harrison, *Themis*, p. 512.

Há muitos anos, em viagem à Europa, observei que um homem, no saguão do hotel em que me hospedava, lia a *Cassandra* de Christa Wolf. Entabulei conversa com ele e perguntei-lhe qual, na sua opinião, era o problema de Cassandra. Ele me surpreendeu com a resposta de que o homem era por demais cego e tacanho para acreditar nela. Disse a mim mesmo: "Que solução simplista! Acaso ele não compreendeu que o ônus recaía sobre ela?"

Por essa época, eu estava profundamente empenhada no processo de dissecar e analisar a psique de Cassandra, visando entender como a moderna mulher-Cassandra poderia integrar pessoalmente o aspecto medial. Que ironia eu ter regido o coro de desaprovação à opinião desse homem sobre Cassandra!

Hoje vejo que o estranho tinha razão no que dizia. Uma mulher-Cassandra pode ser capaz de assentar sua sombra histérica e de integrar seu aspecto medial à consciência do ego, passando a acreditar firmemente no que sabe e no que vê. Pode atingir um estado de desenvolvimento em que tenha internalizado o animus apolíneo e possa expressar sua introvisão de maneira clara, objetiva

E, apesar de tudo, ainda pode não ser acreditada. Por terem origem na sombra coletiva, suas profecias são sediciosas, ameaçam a ordem conservadora. Sendo assim, ela é porta-voz de traição. Enquanto o valor intrínseco da medialidade não for reconhecido, continuaremos a agredi-la por ser mensageira de notícias funestas.

É preciso, porém, ter cuidado, pois, em muitos casos, ela oferece um testemunho verdadeiro do qual nem ela nem nós podemos nos dar ao luxo de duvidar. A mulher-Cassandra que conseguiu escapar à maldição do Apolo patriarcal é porta-voz de uma nova era.

A Têmis de Rhamnus
(Museu Nacional, Atenas)

Têmis corresponde à carta VIII do Tarô, o Acomodamento, representando a Libra, também chamada Justiça – "avaliando a virtude de cada ato e exigindo exata e precisa manifestação".
Extraído de The Master Therion (Alistair Crowley),
The Book of Thoth (Nova York: Samuel Weiser, 1974).

GLOSSÁRIO DE
TERMOS JUNGUIANOS

Anima ("alma", em latim). O lado inconsciente, feminino, da personalidade do homem. É personificada em sonhos por imagens de mulheres, abarcando desde a criança, a mulher sedutora, à guia espiritual. O desenvolvimento da anima do homem reflete-se na forma pela qual ele trata as mulheres.

Animus ("espírito", em latim). O lado inconsciente, masculino, da personalidade feminina. Um animus negativo faz com que a mulher seja inflexível, obstinada e briguenta. É personificado em sonhos por imagens de homens abarcando desde atletas a poetas e líderes espirituais. O desenvolvimento do animus da mulher reflete-se na forma pela qual ela trata os homens.

Arquétipos. Irrepresentáveis em si mesmos, os arquétipos assomam à consciência sob a forma de ideias e *imagens arquetípicas* que são padrões ou razões universais, presentes no inconsciente coletivo, como o conteúdo básico da religião, da mitologia, das lendas e da arte.

Associação. Fluxo espontâneo de pensamentos e imagens agrupados ao redor de uma ideia específica.

Complexo. Um grupo de ideias ou imagens carregadas de emoção. No âmago de um complexo existe um arquétipo ou uma imagem arquetípica.

Constelar. Sempre que uma forte reação emocional ocorre em relação a uma pessoa ou situação, um complexo é constelado (ativado).

Coniunctio. Termo alquímico referente à união dos opostos. Corresponde a uma condição de plenitude psicológica, a um estado em que a consciência do ego e o inconsciente trabalham juntos e em harmonia.

Ego. O complexo central da consciência. Um ego forte pode relatar objetivamente os conteúdos ativados do inconsciente (isto é, outros complexos) em vez de se identificar com os mesmos.

Sentimento. Uma das quatro funções psíquicas do modelo junguiano de tipos de personalidade. É uma função *racional*, destinada a avaliar o valor dos relacionamentos e situações. Esta função, sentimento, é diferente da emoção que resulta da ativação de um complexo.

Identificação. Ver *participation mystique.*

Individuação. A realização consciente da verdade psicológica de cada indivíduo, incluindo forças e limitações. Leva à experiência do *Self,* como centro regulador da psique.

Inflação. Um estado no qual o indivíduo, em termos de autovalia, tem uma opinião alta ou baixa (inflação negativa) de si mesmo.

Intuição. Uma das quatro funções psíquicas. No modelo junguiano de tipos de personalidade, é uma função *irracional* que capta, via inconsciente, futuras potencialidades inerentes ao presente.

Participation mystique. Uma aliança primitiva, inconsciente, na qual o indivíduo não consegue distinguir-se claramente de um outro (pessoa ou objeto). É o que existe por trás do fenômeno da *projeção.*

Persona ("máscara de ator", em latim). O papel social do indivíduo, derivado das expectativas sociais e da educação de berço. A persona é útil tanto para facilitar o contacto com outras pessoas como para servir de máscara protetora.

Projeção. Um processo natural pelo qual uma qualidade ou característica inconsciente, própria de um indivíduo, é percebida e projetada numa outra pessoa ou objeto.

Self. O arquétipo da plenitude e o centro regulador da psique. É experimentado como um poder numinoso transpessoal que transcende o ego (exemplo, Deus).

Sensação. A segunda função irracional do modelo junguiano. Percebe a realidade física, imediata.

Sombra. Uma parte inconsciente muito importante da personalidade, caracterizada por traços e atitudes, positivos ou negativos, que o ego consciente tende a rejeitar ou ignorar. É personificada em sonhos por pessoas do mesmo sexo da pessoa que sonha.

Símbolo. A melhor expressão possível para designar algo desconhecido. O pensamento simbólico é abrangente e orientado pelo lado direito do cérebro; complementa o pensamento lógico, linear, comandado pelo lado esquerdo do cérebro.

Tertium non datur. O terceiro reconciliador que emerge do inconsciente (sob a forma de símbolo ou de uma nova atitude) depois de ter sido dominada a tensão entre opostos conflitantes.

Transferência – contratransferência. Semelhante à projeção, usada para descrever os laços emocionais, inconscientes, que nascem de um relacionamento terapêutico.